艺术 | 体育
高校学术研究论著丛刊

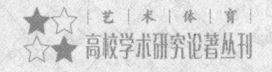

高校大学生健美操核心素养的培育与训练研究

徐宝丰 著

中国书籍出版社
China Book Press

图书在版编目 (CIP) 数据

高校大学生健美操核心素养的培育与训练研究 / 徐宝丰著 . -- 北京：中国书籍出版社，2021.3
ISBN 978-7-5068-8384-9

Ⅰ.①高… Ⅱ.①徐… Ⅲ.①健美操 – 教学研究 – 高等学校 Ⅳ.① G831.3

中国版本图书馆 CIP 数据核字（2021）第 045877 号

高校大学生健美操核心素养的培育与训练研究

徐宝丰 著

丛书策划	谭 鹏 武 斌
责任编辑	李 新
责任印制	孙马飞 马 芝
封面设计	东方美迪
出版发行	中国书籍出版社
地　　址	北京市丰台区三路居路 97 号（邮编：100073）
电　　话	（010）52257143（总编室）　（010）52257140（发行部）
电子邮箱	eo@chinabp.com.cn
经　　销	全国新华书店
印　　厂	三河市德贤弘印务有限公司
开　　本	710 毫米 ×1000 毫米　1/16
字　　数	273 千字
印　　张	14
版　　次	2023 年 1 月第 1 版
印　　次	2023 年 1 月第 1 次印刷
书　　号	ISBN 978-7-5068-8384-9
定　　价	75.00 元

版权所有　翻印必究

目 录

第一章　高校健美操发展现状分析 …………………… 1
- 第一节　高校健美操教学现状 ………………………… 1
- 第二节　高校健美操训练现状 ………………………… 5
- 第三节　高校健美操发展方向及创新探索 …………… 9

第二章　大学生健美操核心素养培育路径之教学指导 …… 19
- 第一节　高校健美操教学的特点与任务 ……………… 19
- 第二节　高校健美操教学的基本规律 ………………… 24
- 第三节　高校健美操教学的基本理念 ………………… 27
- 第四节　高校健美操教学的原则与方法 ……………… 34
- 第五节　高校健美操课的组织与实施 ………………… 42

第三章　大学生健美操核心素养培育路径之训练指导 …… 49
- 第一节　健美操训练的科学理论指导 ………………… 49
- 第二节　健美操训练的原则与方法 …………………… 52
- 第三节　健美操训练计划的制订 ……………………… 60
- 第四节　健美操训练效果的评价 ……………………… 64

第四章　大学生健美操运动理论知识的培育 …………… 68
- 第一节　学习健美操基本常识 ………………………… 68
- 第二节　掌握健美操运动相关的学科理论 …………… 74
- 第三节　合理补充营养剂 ……………………………… 81
- 第四节　科学处理运动伤病 …………………………… 85

第五章 大学生健美操音乐与动作编排技能的培育 …… 89

- 第一节 健美操创编影响因素的分析 …… 89
- 第二节 健美操创编的依据与原则 …… 91
- 第三节 健美操创编的具体流程及操作 …… 98
- 第四节 健美操音乐的选配与使用 …… 102
- 第五节 健美操动作的编排 …… 105

第六章 大学生健美操创新意识与能力的培育 …… 116

- 第一节 培养大学生的创新教育理念 …… 116
- 第二节 促进大学生健美操创新意识与能力提升的策略 …… 122
- 第三节 健美操教学模式的创新 …… 125
- 第四节 健美操教学方法的创新 …… 137

第七章 大学生健美操核心素养之体能训练 …… 143

- 第一节 体能训练基本理论 …… 143
- 第二节 大学生健美操力量素质训练 …… 149
- 第三节 大学生健美操耐力素质训练 …… 153
- 第四节 大学生健美操灵敏素质训练 …… 158
- 第五节 大学生健美操柔韧素质训练 …… 161

第八章 大学生健美操核心素养之心理与智能训练 …… 166

- 第一节 心理与智能基本理论 …… 166
- 第二节 大学生健美操心理素质训练 …… 175
- 第三节 大学生健美操智能素质训练 …… 182

第九章 大学生健美操核心素养之运动技能训练 …… 192

- 第一节 运动技能基本理论 …… 192
- 第二节 健美操基本动作与套路训练 …… 197
- 第三节 有氧健美操技能训练 …… 204
- 第四节 器械健美操技能训练 …… 208

参考文献 …… 213

第一章 高校健美操发展现状分析

健美操是一项融体育、美学、艺术及时尚于一身的新兴体育运动,这项运动在我国高校开展得较为普遍,对促进大学生身心健康、丰富情感体验、陶冶情操、培养审美素养以及提升综合素质起到了重要作用。高校健美操课程教学、健美操训练及竞赛是健美操运动在高校发展的重要形式。要了解高校健美操的发展情况,就要从教学与训练着手深入分析健美操教学与训练的现状与问题,并从现实出发提出发展建议和创新路径,以推动高校健美操运动的持续发展。

第一节 高校健美操教学现状

健美操文化传入高校之后,高校纷纷开设健美操课程,健美操成为高校体育教学的重要内容之一。本节主要分析部分高校中健美操的教学现状。例如,在《秦皇岛高职高专院校健美操课程现状的调查研究》一文中调查了6所高校的健美操课程开展情况,并对28名健美操教师进行问卷调查来了解具体教学情况。本节主要对该文中的调查结果进行分析。

一、开课形式

调查表明,6所高校都开设了健美操课程,开课率很高,可见高校比较重视健美操运动。这些高校开设的健美操课程主要是选修课,而且在学期安排上有所不同。有 4 所院校在两个学期开设健美操选项课,占 66%,在 1 个学期和 4 个学期开设健美操选项课的各有 1 所,各占 16.7%。健美操课在各学期的安排与高校学制和整体教学计划有关。

二、教学目标

高校开设健美操课程的目标主要有以下几方面。
(1)增强学生体质。
(2)使学生掌握健美操理论知识和基本技能。
(3)提高学生的审美能力。
(4)增强学生自信。
(5)促进学生身心健康和全面发展。
(6)培养学生的健美操创编能力和创新能力等。

高校健美操教学目标较为丰富全面,但还需要确立培养学生终身体育意识和良好体育锻炼习惯的教学目标。

三、教学内容

(一)理论教学内容

学生学习健美操理论知识对掌握健美操技能有重要指导意义,学生学习并掌握健美操基础理论知识,可以认识与理解健美操的特点、比赛规则、锻炼方法、作用功能、简单创编方法。因此,在高校健美操教学中,适量安排理论课是非常有必要的。但调查结果表明,仅有 32.14% 的教师教授过健美操理论课(表 1-1)。可见高校不重视健美操理论课教学。

第一章　高校健美操发展现状分析

表 1-1　健美操教师教授理论课情况（n=28）①

	选择数	比例
教授过	9	32.14%
没有教授过	19	67.86%

教授过健美操理论课的教师中，88.89%传授过健美操基础理论，77.78%传授过健美操规则和发展情况，66.67%传授过健美操常识，22.22%传授过健美操简单创编方法（表1-2）。可见健美操理论教学内容单一，对创编方法的传授不够重视。

表 1-2　健美操理论教学内容情况（n=9）②

理论教学内容	选择数	比例
健美操概述	8	88.89%
健美操规则、发展概况	7	77.78%
健美操简单创编方法	2	22.22%
健美操常识	6	66.67%
其他	0	0.0%

（二）实践教学内容

在健美操课程教学中，实践教学是主体，是实现健美操教学目标的关键，健美操实践教学的主要内容包括各种身体练习方式和基本技术。

关于健美操实践课教学内容的调查结果显示，82.14%的教师传授过大众健美操等级套路，可见大众健美操锻炼标准等级套路受到了普遍的认可，不管是动作难度还是动作编排，都比较适合大学生学习。64.29%的教师传授过健美操步伐组合；39.29%的教师传授过自编健美操；仅有10.71%的教师选择"两操"协会的健美操，这主要是因为这类教学内容针对性不强；最后仅有3.57%的教师传授过竞技性健美操（表1-3）。对于非体育专业

---

① 郑学美.秦皇岛高职高专院校健美操课程现状的调查研究[D].河北师范大学，2018.
② 郑学美.秦皇岛高职高专院校健美操课程现状的调查研究[D].河北师范大学，2018.

的大学生而言,竞技性健美操动作复杂,难度较大,学起来比较吃力,也容易受伤,所以一般不面向非体育专业的学生传授这类内容。

表1-3 健美操实践教学内容情况（n=28）

实践教学内容	选择数	比例
大众锻炼标准等级套路	23	82.14%
健美操步伐组合	18	64.29%
自编健美操	11	39.29%
"两操"协会健美操	3	10.71%
竞技性健美操	1	3.57%
其他	2	7.14%

四、教学方法和手段

在高校健美操教学中,健美操教师科学合理地运用教学方法是实现教学目标、完成教学任务的重要保障。在健美操教学方法和手段的选用上,85.71%的教师采用传统教学方法和手段,7.14%的教师采用录像教学,10.71%的教师采用一般电化教学,21.43%的教师采用多媒体教学方法,将前三种教学方法综合起来运用的教师占17.86%,另外还有3.57%的教师采用其他教学方法。总体来看,运用讲解、示范等传统教学方法的教师居多,这些方法具有清晰直观的优势,但也有不足,健美操教师应将这些传统教学方法与电化教学、录像教学、多媒体课件教学等现代化教学方法结合起来运用,以提高教学效果。

五、考核评价

教学考核主要发挥着监督学生学习过程和激发学生主动学习的作用,是衡量教学效果的重要方法。通过客观的考核评价可以发现教学的不足,找到造成问题的原因,并对症下药,解决问题,优化教学,提高教学效果和教学质量,实现教学目标。

（一）考核内容

关于健美操考核内容的调查结果显示,选择大众健美操的教师占 78.57%,选择自编健美操套路的教师占 35.71%,选择基本步伐组合及变化的教师占 21.43%,选择身体素质的教师占 10.71%,选择基础理论知识和竞赛规则的教师占 7.14%,选择其他考核内容的教师有 3.57%。

从调查结果来看,很多教师将大众健美操和自编健美操套路作为考核内容,但很多教师也忽视了对学生身体素质的考核,这对学生的身心健康和全面发展造成了制约。

（二）考核方法

在健美操考核评价中要根据考核内容与相关条件来选用考核方法。调查结果显示,92.86%的教师选择学生出勤及日常表现考核方法,96.43%的教师选择技术评定考核法,10.71%的教师选择能力评价方法,还有 3.57%的教师选择其他考核方法。能力评价虽然得到了一定的重视,但还不够普及,应进一步加强对学生能力的评价,增加这部分评价的比重,这是贯彻素质教育理念的要求。

总体来说,高校健美操教师对健美操教学考核评价的作用和实质有正确的认识,但考核内容和方法都比较单一,无法全面检验健美操教学质量,教学评价的功能也无法得到充分发挥,在今后的考核评价中要进行多元评价,通过考核评价切实提高健美操教学质量。

第二节　高校健美操训练现状

本节主要从高校健美操训练经费、训练场地、训练形式、训次数、体能训练以及参赛情况等方面来分析高校健美操训练现状与问题。

一、训练经费

我国很多高校的教育经费一直都不是很充足,所以健美操训练经费也较少,满足不了需求。现阶段,高校体育活动经费和专门的训练竞赛经费是健美操训练经费的两个主要来源。健美操训练在一些高校不受重视,因此在这方面没有投入经费,因而制约了健美操训练活动的开展。

二、训练场地

高校组织健美操训练活动必须要有足够的场地和完备的设施,这是最基本的物质前提和保障。当前我国高校的健美操训练场地设施条件不是很乐观,有的高校在田径跑道上组织运动员进行健美操训练,有的高校在校外租赁专门的场地供运动员训练使用,有的高校直接在操场上开展健美操训练活动,还有一些高校在其他运动项目的场地上组织健美操训练,如篮球场地、网球场地。总之,很多高校的健美操运动员都是在不正规或不标准的场地上进行健美操训练,对训练活动的正常开展及最终的训练效果造成了严重影响。

三、训练形式

高校健美操课余训练的形式主要从训练周期上体现出来,目前来看,训练周期主要有三种情况,分别是2~4个月一周期、半年一周期、一年一周期,大学生对训练时间的计划与安排是根据自己的课余时间而定的。在上述三种训练周期中,大部分学生选择2~4个月一周期这种形式。但因为训练经费短缺的原因,很多高校都是在临近比赛前两个月才开始组建运动队临阵训练,虽然减少了训练支出,但是训练效果不理想。

四、训练次数

运动员在健美操比赛中获得优异的成绩是平时长期努力训练的结果,训练时间充足才能保障训练实效,提高训练水平,增加在比赛中获胜的可能。运动员只有长期进行系统性、连续性训练,才能逐渐积累训练成果,提高自身专项水平,而那些断断续续训练或中途放弃训练的运动员很难获得好的训练效果和比赛成绩。

前面提到,很多高校迫于训练经费的限制,大学生的训练时间主要是临近比赛的前两个月,要在两个月的时间内达到理想的训练效果,明显提高运动水平,大学生必须加倍努力,但短时间进行高强度训练,休息时间减少,不利于运动疲劳的恢复,最终也会影响大学生运动员在赛场上的表现,影响最后的成绩。因此说,高校临近比赛才组队进行健美操训练,或许可以达到一定的冲刺效果,但从长远来看则是不可取的。

五、体能训练情况

健美操运动对运动员各方面的素质都有较高的要求,特别是对身体素质、专项技能和艺术表现力方面提出了严格的要求。运动员在日常训练中要提高自己的身体素质,熟练掌握专项技术,提升自己的艺术表现力,达到专项要求,从而在比赛中展现自己的力量,完成标准技术,以良好的艺术表现力感染裁判与观众。大学生参与课余健美操训练,一定要重视力量、柔韧性等身体素质训练,提高自己的体能水平,为熟练掌握健美操技术以及提升艺术表现力奠定基础。但目前来看,我国高校健美操训练对体能素质的训练不够重视,这直接影响了大学生体质健康,制约了大学生对健美操专项技能的掌握。

高校健美操体能训练主要存在以下两方面的问题。

(一)缺乏基础训练

高校健美操运动队的成员并非都是体育专业或专修健美操课程的,也有非体育院系的学生,这部分队员身体素质不及体育专业的学生,专业水准也与体育生有一定的差距。所以整体来看,高校健美操运动队的运动员身体素质、专业水平是参差不齐的。健美操运动的艺术性和难度对运动员的体能素质提出了较高的要求,如果运动员没有很好的身体素质,很难坚持完成比赛,也难以标准地完成每个动作,在比赛后期常常会因为体力问题而影响动作质量,出现动作幅度小、动作不规范、难度动作完成质量差等问题,最终影响比赛成绩。所以,加强健美操基础体能训练非常重要。但当前高校健美操训练中的体能训练处于缺失状态,即使体能训练被纳入健美操训练计划中,所占比例也比较小,不足以充分提高运动员的体能水平。

(二)体能训练与技术训练缺乏密切联系

在高校健美操训练中,教练员强调运动员要高质量完成难度动作和成套动作,却忽视了运动员耐力的问题。运动员在难度动作、成套动作的训练中花费了很多时间,只用少数时间进行体能训练,而且体能训练与技术训练是分割开来的,这既影响体能训练效果,又影响技术训练效果。体能训练与技术训练本身是密切联系的,运动员良好的体能素质是其进行技术训练和提高专项技术水平的基础与前提,技术训练又有助于提高运动员的专项体能素质,所以在健美操训练中理应将二者密切联系起来,将体能训练融入技术训练中,并将技术训练穿插于专项体能训练中,以促进运动员体能与技术的同步提升。

六、参赛情况

高校健美操运动队中没有参加过任何健美操比赛的运动员不在少数。近年来健美操运动在高校越来越受重视,组建健美操运动队和举办健美操赛事也得到了高校有关部门的关注,少数运动员有机会参加健美操比赛,但从未参加过比赛的运动员还有很多。尽管参加健美操比赛的运动员在增加,但是因为缺乏系统的训练,所以在比赛中的表现不容乐观,而且高校健美操比赛的质量和水平也不够高。有些健美操比赛对来自高校的参赛队伍是普通队还是专业队没有限制,而普通队与专业队实力相差明显,所以比赛的公平性受到质疑。普通队参加这样的比赛虽然可以积累经验,检验训练成效,但是毕竟与专业队有实力差距,最终比赛分数悬殊会影响普通队运动员的自信心。专业队参与这类比赛,因为竞争队伍中有普通队,所以获胜的可能性大,但即使获胜,专业运动员也不会有太高的成就感,只有与实力相近的专业队进行比赛,才更能激发专业运动员的斗志,提高运动员的表现力。而且,普通队与专业队都能参与的健美操比赛因为比赛结果悬念不大,所以缺少了欣赏性。

第三节 高校健美操发展方向及创新探索

一、高校健美操教学发展方向及创新

(一)更新教学理念

教学理念为教学活动提供方向引导和思想基础,先进的教学理念能够使教学活动在正确的方向与轨道上获得持久的发展。因此,在高校健美操教学中必须更新教学理念,树立先进的教学

理念,促进健美操教学的可持续发展。

在高校健美操教学发展与创新中,教学理念的创新是首要的,对传统教学理念的改革与更新能够为教学活动的开展与创新提供科学引导。除了要革新教学理念外,还要转化大众尤其是教育工作者的思想观念,从而为高校健美操教学发展提供良好的观念支持。高校健美操教学应确立健康第一、以学生为本的教学理念,确立终身体育的教育思想,教师在新理念与新思想指导下重视学生的主体性,关注学生的体质健康,注重对学生终身体育意识的培养,通过健美操教学将大学生培养成为全面发展的新型人才,为国家培养全能人才,以适应素质教育和社会发展的需求。

(二)优化教学内容

健美操是高校普遍开设的体育课程,因此要按照《体育课程指导纲要》的相关要求来确定健美操课程教学内容,在教学内容的编排与设置中充分体现健康第一、以人为本、终身体育、素质教育等教学理念。同时,教学内容要能将健美操运动的艺术性、娱乐性、时代性彰显出来,进一步丰富健美操教学内容,充实与完善健美操教学内容体系,优化健美操教学内容结构,同时要密切联系大学生实际生活来开发健美操教学内容资源,以吸引大学生的兴趣,使大学生迅速接受健美操教学内容。在优化创新健美操教学内容的同时还要强调内容的实用性,要能够增强学生体质、培养学生的审美素养及艺术表现力。

下面具体就健美操教学内容的优化提出建议。

1. 对健美操教材内容的改革与优化

第一,从健美操发展现状与趋势出发对健美操课程内涵重新定义,对学生的兴趣爱好要及时了解,以便不断筛选与更新教材内容,选取新颖的教材内容来满足学生需求。

第二,重视健美操理论内容教学,使学生了解健美操知识与文化,并能将理论内容运用到实践中指导练习过程,将理论与实

第一章 高校健美操发展现状分析

践有机结合起来。掌握健美操理论知识的大学生在健美操实践练习中可以达到知其然也知其所以然的效果,从而提高健美操水平。在健美操理论内容的教学中,为了吸引学生学习,可向学生提供网络资料,采用多媒体手段进行教学。

2. 引进流行健美操项目

高校健美操实践课教学内容主要是大众健美操套路,这是比较基础的健美操类型,学生比较容易掌握,但长期学习单一的健美操套路,无法使学生保持长时间的学习兴趣与积极性,也会影响学生的学习态度与效果。因此,可在健美操实践课上引进现代时尚流行的健美操项目,如街舞、有氧搏击操等,以拓展健美操教学内容,突出健美操内容的多元化与丰富性。

3. 增加培养学生创造力的内容

高校健美操教学中要重视对学生自主创造意识、创新精神及创造力的培养,因此可将一些自编类的健美操套路引进教学中,鼓励学生自主创编适合自己的健美操动作,提高大学生的创造力。

(三)改革教学方法

在高校体育教学深入改革与大力创新的今天,传统教学方法手段已不能满足新要求。随着体育教学中教师主体地位的弱化和学生主体地位的强化,体育教学方法手段也必须有所变化与更新以适应教学新形势。健美操作为高校新兴体育课程,应该在教学方法上大胆创新,不断尝试新的教学方法与手段,从而激发学生的兴趣与学习动力,提高课堂教学效率和效果,提高健美操教学质量与水平,使高校健美操课程有更好的发展。

(四)完善教学评价

检验健美操课程教学成果的主要方式就是进行教学评价。教学评价是健美操课程发展的重要方向,能否科学合理地进行教学评价,直接影响健美操教学的未来发展。在健美操教学评价中,学生的身体素质、健美操技术、合作能力、情感态度等都是主要评价内容,评价方式上包括自我评价、互相评价和他人评价。健美操教学评价中,关于评价的选拔与甄别功能不作特殊强调,而对评价的激励功能要重点突出,评价中要关注学生的日常表现与进步。健美操教学评价体系的构建与完善应能有利于培养与提升学生的综合素质,这是素质教育的要求。

在素质教育理念下构建与完善健美操教学评价体系,需要从以下几方面努力。

1. 评价内容的优化

传统健美操教学评价过分强调评价学生的体能和健美操技术能力,不重视评价学生的学习态度、协作能力、创造能力以及艺术表现力,而且将学习结果看得很重,将学习过程中的表现忽视了。在今后的健美操教学评价中,应将以前忽视的内容纳入评价体系,并重视评价学生的学习过程,善于发现学生的进步。

2. 评价方法的优化

健美操教学评价方法有多种,任何评价方法都有它的优势与缺陷,为了提高评价的准确性、全面性及可靠性,有必要联合使用多种评价方式。

3. 评价结果的优化

构建评语式评价模式,点评学生的学习表现,肯定优点,指出不足,指明努力的方向。

(五)增强师资力量

师资队伍建设是高校健美操教学工作的核心,也是健美操课程改革能否成功的关键因素。健美操教师只有在思维观念和自身素质上取得突破,才有可能真正提高健美操教学水平。因此,

第一章　高校健美操发展现状分析

建立一支教育观念开放、业务知识扎实、业务能力强、与时俱进的专业师资队伍是推动高校健美操教学发展的主要路径。

高校培养健美操师资队伍、增强健美操师资力量的策略如下。

1. 改变教师的教育理念

现代教学改革中越来越强调由"以教为中心"向"以学为中心"的转变,这就要求健美操教师转变原有教育理念,主动退出"主体"地位,尊重学生的主体地位,培养学生自主学习的动力。

2. 提高教师的专业素养

健美操运动具有时代性,这就要求高校健美操教师有不断学习的意识与能力,紧密关注健美操运动发展趋势,及时吸收与掌握健美操的新知识、新信息、新动态,并将新知识融入教学中。高校应该加大对健美操教师的培训力度,鼓励健美操教师参加社会上的相关培训活动,丰富与拓展健美操教师的知识,提高其业务能力。

3. 调整教师队伍的结构

高校健美操教师队伍存在严重的男女比例失调问题,这对于高校健美操课程的发展是不利的,因此高校应增加男性健美操教师的比例,加大健美操课程在男大学生中的开设程度,改变他们认为只有女生才学习健美操课程的错误观念。同时,现有结构中专业教师较少,非专业教师在教学中缺乏专业性,教学也不够系统,影响了教学质量,因此高校要重视对专业教师的招聘与培养,优化健美操教师资源结构,整体提高健美操师资队伍的专业水平。[①]

---

① 陶燕.南京市普通高校健美操课程开展现状与发展对策研究[D].苏州大学,2014.

二、高校健美操训练发展方向及创新

（一）领导给予重视

高校健美操运动队训练既是高校竞技体育发展的一部分，也是高校健美操教育的重要组成部分。开展高校体育教育与体育训练工作，必须重视健美操训练。任何体育项目要在高校获得长远的发展，都需要相关部门尤其是部门领导的支持，领导的重视程度与支持力度直接影响运动项目的发展程度。随着健美操运动的不断发展及其在高校的日益普及，越来越多的大学生喜欢参加健美操运动，高校领导对这项运动也给予了一定程度的重视，而且还有争取更高重视与更多支持的空间。

为了得到领导的认可，获得高度的支持，高校健美操教练员要将运动队训练情况主动汇报给领导，使领导了解最新训练成果。此外，教练员要带领运动队参加比赛，取得好成绩，为学校争光，这样有关部门会更加重视健美操在高校的发展。高校有关部门及领导对健美操运动的思想支持、精神支持、物质支持、制度支持、行为支持都是健美操运动在高校不断发展下去的重要支撑。

高校领导提高对健美操的重视，健美操运动队的发展越来越好，有发展前途的运动项目更容易获得校领导的支持，这样就形成了良性循环机制，健美操训练水平会越来越高。

（二）加强宣传，解决经费问题

现代社会中信息传播速度之快超乎想象，人们获取信息的渠道越来越多，获取信息越来越便捷、迅速。这都得益于现代科技尤其是电子技术和网络技术的发展。为了提高健美操运动队在高校的影响力，将健美操运动打造为高校大众化运动项目，提高大学生的参与积极性与参与度，运动队可以将丰富的现代媒体资源和信息平台充分利用起来，加大对健美操的宣传力度。例如，健美操运动队可以建立微信公众号,定期发表以宣传与普及为主的推文,文章应有趣、新颖,能吸引学生关注与阅读,这样能够提高健美操队在高校的知名度与影响力。运动队还可以将学校传播媒介充分利用起来以宣传运动队在重要比赛中取得的好成绩,这些媒介主要包括学校微信平台、校园微博、校园网、校园报刊、校园广播等。通过多种形式的积极宣传必然能够让更多的学生、教育工作者以及学校领导对健美操运动及运动队有一定的认识与了解,同时也有机会得到更多校园人的支持,吸引更多的大学生参与这项运动。

通过宣传健美操运动及运动队的成绩,也有助于促进经费来源渠道的拓展,使训练经费短缺的问题得到有效解决。目前,学校体育活动经费与专项运动经费是高校健美操运动训练的主要经费来源,单一的经费来源使得健美操运动队在训练中的很多需求得不到满足。对此,要广泛开辟新的经费来源渠道。健美操运动的艺术价值很高,它本身具有市场化发展的潜力与优势,因此可以推动高校健美操的市场化发展,吸引社会关注,从社会上寻找经费来源,增加经费来源渠道,如寻求企业赞助、获得社会体育组织的经费支持、参加商业比赛获取奖金,等等。只有保证经费足够,才能解决运动队训练中的重要问题,才能有更好的条件去备赛和参赛,使运动队的成长与发展空间得到提升。充足的经费也能使教练员的薪资待遇水平得到提升,从而提高教练员的工作积极性。

(三)拓宽选拔途径,完善招生制度

高校健美操运动队中的运动员大多是来自体育院校的学生。运动队是由教练员在体育院系中选拔运动员组建而成的,有的运动员是主动报名加入运动队,也有些运动员是其他院校的体育教师推荐的。要在大学四年时间内将高校健美操运动队打造为高水平队伍,使其在地方、国家乃至世界重大健美操比赛中取得优异成绩是有一定难度的。但是,这是高校健美操运动队的一个重要发展目标,可以朝这个目标不断努力。而努力的方法首先就是对有健美操运动天赋、经验丰富、基础与专项体能素质良好的大学生运动员进行选拔,这就需要做好招生工作。

一般来说,体操、艺术体操专业的大学生都有成为健美操运动员的潜质,这些学生在体能和艺术表现力上占优势,学习与掌握健美操技术相对容易一些,因此可以将这些学生纳入招生范围。高校成立健美操运动队,在招生方面要给予政策扶持与适当的优待,这也是对运动员退役后的一份保障。在招生中,可适当增加高校尤其是体育院校设置的特招名额,专项项目上可以有一定的倾斜性,优先从形体类运动专业中招生。

另外,要在高校培养优秀的健美操运动员,还需要在中小学建立健美操运动训练基地,培养优秀后备人才,将各级教育阶段的健美操运动训练衔接起来建立一条龙训练体制,为高校组建优秀健美操运动队打好基础,为国家输送优秀的健美操后备人才。在中小学阶段培养健美操后备人才还有助于面向青少年学生普及健美操运动,使高校健美操运动员生源短缺的问题得到有效解决,长期的系统化训练能够有效提高健美操后备人才的专业能力,使之在高校健美操运动队中充分展现自己的力量、技术能力和艺术表现力,在健美操比赛中取得优异的成绩。

(四)改善训练设施条件

高校健美操运动队的日常训练离不开良好的训练设施条件,包括正规的训练场馆、完备的训练器材等,这些都是不可或缺的物质基础。比赛环境宽敞、舒适、美观,与比赛场地接近,则有助于营造良好的训练氛围,也有助于促进健美操运动员训练积极性与效率的提升。在舒适的环境下训练,运动员的斗志更强,心理素质更好,而且也能在一定程度上减少运动员受伤的可能。

当前,高校健美操运动队的成员普遍不满意学校的训练设施条件,具备专业训练场地的学校并不多,很多运动队都是在其他项目的场地上训练,影响了训练效果,也容易发生运动损伤。对此,高校应大力建设标准化的健美操运动场馆,配置专业训练器材。这方面需要学校将现有体育资源充分利用起来,改造旧场馆,修补运动器械,将每笔经费都用到刀刃上,提高体育物力、财力资源的利用率,避免造成资源浪费。

（五）培养与提高教练员的业务素质

任何体育项目的发展都离不开创新,创新是体育项目发展的动力源泉,若忽视对项目的创新和创造,就很难实现更高水平的发展,而且还会逐渐被淘汰。高校健美操训练的发展同样需要创新,而教练员在高校健美操普及、提高及创新方面发挥着举足轻重的作用。高校健美操教练员应站在时代前沿把握健美操运动的新动向,及时更新训练理念与训练方法。虽然高校健美操教练员的训练经验比较丰富,也熟练掌握了训练技能,但他们常年使用的一套训练模式中有些内容已经不适应现代健美操发展的需要了,教练员必须不断充实自己的知识库,更新知识,创造新的训练模式与方法,同时还要在科研上有所努力,多参加一些学术交流或专业培训活动,以提升自己的健美操专业知识水平和执训能力。

（六）解决运动员的学训矛盾

高校健美操队的大学生既要上文化课,完成专业课作业,又要利用课余时间来训练,双重身份增加了大学生运动员的负担,有些运动员无法两头兼顾,要么耽误了学习,专业课成绩不理想,要么顾不上训练,运动技能水平提不上去,有的运动员为了修满学分,甚至放弃喜欢的健美操运动,离开学校健美操队。要解决这一问题,必须将学习与训练的关系处理妥善,既不耽误大学生学习专业课程,又使大学生有时间参加健美操训练。

解决高校健美操运动员的学训矛盾,恰当处理学训关系,需要从以下两个方面着手。

第一,完善对大学生的激励政策,培养大学生的自主学习能力和时间管理能力。同时要考查大学生文化课的出勤情况,将此纳入最终考核系统中，使大学生尽可能按规定时间学习文化课程。对代表校队参加健美操比赛而取得优秀成绩的大学生，适当给予学分奖励。

第二，高校有关部门及时沟通与交流，辅导员、教练员及运动员之间也要做好沟通，如果运动队要参加重要的健美操比赛，需要教练员与辅导员协商时间，使大学生有时间训练和为比赛做准备，比赛结束后安排补课。对于因训练而耽误了文化课的大学生，文化课教师给予体谅，并对其提供单独的辅导，使大学生弥补落下的课程。

第二章 大学生健美操核心素养培育路径之教学指导

健美操在高校中是非常重要的体育运动项目,并且已经开设了相关的课程。健美操借由其独特的特点和魅力,受到广大学生的欢迎与喜爱,同时,这也与健美操课程教学的开展不无关系。可以说,高校健美操教学的开展,是大学生健美操核心素养培育的重要路径之一。本章主要对高校健美操教学的特点与任务、基本规律、基本理念、原则与方法以及高校健美操课的组织与实施进行分析和阐述,由此,能够对高校健美操教学有一个初步的理论性了解与认识,为后续的健美操训练奠定基础。

第一节 高校健美操教学的特点与任务

一、高校健美操教学的特点

高校健美操教学的显著特点,主要表现为以下几点。

(一)教学内容丰富,练习可变性强

健美操教学内容是非常丰富的,从健美操的类别上来看,有健身性健美操、竞技性健美操以及表演性健美操;从练习的内容上看,有徒手练习、手持轻器械及借助于固定器械的练习;从动作难度上来看,有基本动作教学、难度动作教学等。

此外,健美操的组成部分为多个单个动作,而构成和改变动作的要素是多种多样的,增加和删减不同要素会对固有的动作、造型、组合等造成影响,从而形成了一个新的动作、新的造型、新的组合、新的成套练习,如此一来,运动负荷也会有新的变化,这就赋予了健美操练习可变性强的显著特点。

(二)音乐是教学过程中必不可少的要素

健美操这项体育运动与其他的运动项目之间最大的区别,就在于其具有音乐伴奏,而且这是其不可或缺的重要因素。在健美操运动过程中,要想将人体美、动作美、精神美充分展现出来,就必须借助音乐的旋律,而且这些美的因素与声音美、视觉美、感觉美融为一体,从而能够赋予健美操运动极具审美特征的艺术形式。音乐是健美操的重要构成要素之一,健美操运动中音乐是处于重要的灵魂地位的。[1]所以,高校健美操运动教学的整个过程中都是离不开音乐这一重要因素的,并且要对音乐有足够高的重视。

(三)对直观教学形式非常重视

健美操是由很多单个动作组成的,这些动作不同组合所形成的技术动作也是多种多样的,每一个动作都有复杂的动作路线,这也就赋予了动作间的连接与变化形式的多样性特点。因此,在高校健美操教学过程中,教师通常都会用到直观的演示方法,这种方法是非常受教师欢迎的。教师要发挥好自身的引导和示范作用,通过领做来示范给学生,并且在这一过程中辅以语言提示教学法,使学生能够在这一学习过程中产生完整的直观印象,在教师的引导和示范下,学生通过不断的模仿、练习,能够对健美操技术动作有熟练的掌握与应用。

---

[1] 周怀球,刘洋,曹国强.健美操运动创编与项目教学设计[M].北京:九州出版社,2019.

(四）创造性的思维活动与实践活动紧密结合

健美操教学在启发学生的创造性思维方面也有着显著作用，这也是其显著特点之一。没有创新就没有发展，对于包含健美操在内的所有的运动项目来说，其存在与发展都离不开不断的创新。

在健美操教学实践中，教师不仅具有传授学生健美操基本动作和技术的职责，其还需要通过积极的引导，使学生不断建立新的神经联系，形成新的运动、新的组合、新的成套练习，使学生在反复的实践活动中，对健美操创编的原理及方法能有所了解和掌握，并且学会一些创造性的思维方式。因此，健美操教学中的创造性思维与实践活动之间的联系是非常紧密的。

（五）动作表现力要强，要富有激情

健美操与其他球类运动、田径运动等运动项目的不同之处不仅体现在音乐伴奏上，表现力也是重要方面。这里所说的表现力主要是指通过面部表情和身体动作来对内在情感进行抒发的能力。表现力通常可以通过学生的动作力度、幅度和节奏，以及学生对动作的理解、对音乐的感受以及表达内在情感的形式上表现出来。

健美操运动的激情，主要是指充满健美操特征的强烈兴奋的情感表现。对于高校健美操教学来说，在其实践教学活动中，一定要突出表现出动作的表现力，良好的表现力能够使观众的共情得到尽可能大的释放，一般，学生可以通过高水平的动作表现力来将自己阳光、积极、健康的精神风貌展现出来，并将健美操运动的项目特点淋漓尽致地表现出来。

二、高校健美操教学的任务

高校健美操教学在具有显著特点的同时，也将其任务明确了下来，大致有以下几个方面。

（一）学习并掌握相关知识、技能

健美操教学,实际上就是教师将健美操的相关知识和技能有计划地传授给学生,使其能够对这些知识和技能有所掌握,并系统地领会这些知识、加以运用的过程。具体来说,学生应该学习和掌握的健美操相关知识和技能分别有以下这些。

1. 健美操的基本知识

（1）健美操动作的正确概念。

（2）健美操动作的技术原理。

（3）健美操运动中动作与音乐配合的技巧。

（4）成套健美操动作的一般规律。

（5）健美操音乐的节奏。

（6）专项身体素质的理论与方法。

（7）自我保健意识与常识。

2. 健美操的基本技能

（1）掌握动作节奏与动作方法。

（2）掌握动作技术细节。

（3）掌握运动后恢复的常用方法。

（4）提高练习动作的熟练性。

（5）纠正练习时错误的身体姿势。

（6）改进练习时单个动作或连接动作技术。

（7）加大练习时动作幅度的表现力。

（8）塑造健美形体。

（9）提高动作与音乐配合的一致性。

（10）增强音乐感、节奏感。

（二）全面发展身体素质

身体素质是从事所有运动项目都需要具备的重要基础。具体来说,身体素质是指学生在包括健美操在内的所有运动中,各器官系统表现出的各种机能能力。速度、力量、耐力、协调、柔韧等都属于身体素质的范畴。

在健美操教学过程中,一定要将动作的力量、速度等充分表现出来,能协调地完成健美操动作,同时,即使在练习中有暂时性的疲劳产生,也要坚持完成练习,这样才能使学生的身体素质得到发展。

(三)培养与增强学生的情感、意识

(1)培养对健美操的兴趣。
(2)加强组织纪律性。
(3)增强动作的情感表现力。
(4)增强自信心。
(5)增强竞争意识。
(6)增强合作意识。
(7)培养良好的意志品质。
(8)培养责任感与事业心。
(9)培养认真细致、精益求精的工作作风。
(10)培养创造性思维。
(11)树立正确的审美观。

(四)培养学生各项实践应用能力

综合素质是由各个方面的素质和能力构成的,其中的能力是一种无形的、促使人不断发展的潜在品质。关于能力的培养已经成为学校教育的重要内容之一,对于健美操教学来说也是如此,并且制定了能力培养目标。

一般,健美操教学着重培养学生的实践应用能力,主要有以下这些。

(1)获取健美操知识与运用知识的能力。
(2)培养良好的语言表达能力。

（3）健美操教学与训练的能力。
（4）健美操创新与创编的能力。
（5）培养指挥健美操配音练习的能力。
（6）组织健美操竞赛与管理的能力。
（7）制定健美操教学文件的能力。
（8）制定健美操锻炼计划的能力。
（9）培养分析问题和解决问题的能力。
（10）健美操科研的能力。
（11）提高对美的鉴赏能力。
（12）自我评价和相互评价的能力。
（13）提高灵活应变的能力。

第二节　高校健美操教学的基本规律

一、高校健美操教学的自身规律

健美操属于体育运动的范畴，因此，健美操教学要遵循一般体育教学规律，除此之外，作为一项特殊的运动项目，健美操教学也具有自己独特的规律。

通常，以健美操教学的顺序为依据，可以将健美操教学的过程大致分为三个部分，即准备部分、基本部分和结束部分。

关于高校健美操教学过程，也可以从以下几个方面着手来进行进一步的分析和掌握。

（1）健美操教学过程中，不仅涉及学生自身机能，还涉及精神素养的提高，两者相结合的过程是健美操教学过程中的一个重要方面。

（2）健美操教学过程，实际上是掌握健美操基本知识和参加健美操运动锻炼相结合的过程。

（3）健美操教学过程，实际上是将规范训练与自主活动有机结合起来的过程。

（4）健美操教学过程，实际上是普及健美操观念与提高运动成绩相结合的过程。

二、高校健美操动作技能形成规律

健美操技术动作的教学过程，是学生由不会到逐渐学会，最终能熟练展示技术动作的过程。这实际上也可以理解为动作技能形成的过程。通常，动作技能的形成过程分为泛化、分化、建立、巩固、定型这几个阶段。以此为依据，也可以将健美操动作技能形成的过程分为以下三个阶段。

（一）初步掌握动作阶段

在健美操教学过程中，首先要做到的就是对健美操技术动作有一个初步的了解和掌握，这是基础性的。在这一过程中，学生主要通过教师的直观教学和自身的练习来学习和掌握健美操的单个动作、节、段和整套操的动作要领和做法。

健美操教学中的初步掌握动作阶段所具有的显著特点为：大脑皮层兴奋过程扩散，内抑制不够，处于泛化阶段。在这一阶段中，学生进行健美操学习和练习，往往会出现以下情况：做动作显得费力、紧张，动作方向路线不准确，举绕不分，屈伸不明，动作不到位、不定位、不协调，缺乏自控能力；节与节的衔接、停顿与音乐节拍不符，甚至完全遗忘。在新教动作的初始阶段里，还会由于控制能力弱于视觉控制能力导致"一看就会但一做就错"的情况发生。

总的来说，高校健美操这一阶段教学的主要任务是使学生建立正确的动作表象和概念，防止和排除多余动作和错误动作，使之通过练习初步地掌握动作。

(二)改进与提高动作质量阶段

在对健美操的技术动作有了初步的了解和掌握之后,就需要在此基础上改进与提高动作质量,这是高校健美操动作技能形成的第二个阶段。在这一阶段中,要纠正和消除学生在第一阶段中所遗留下来的各种错误,使其正确掌握动作技术,改善动作协调性,提高动作质量。

本阶段的主要特点为:大脑皮层兴奋相对集中,内抑制逐步发展巩固,大脑皮层兴奋与抑制处于分化阶段,因此,这就决定了动作的准确化、协调化发展趋势,但是,其熟练程度还远远不够,还做不到运用自如。

这一阶段中,学生需要在教师的指导下,反复练习,不断改进,使健美操的动作质量得到提升,同时,还要逐渐消除肌肉过分紧张、牵强和多余的动作,逐步引向正确、协调、自如、优美,这是本阶段的任务所在。

(三)巩固与运用自如阶段

这是高校健美操动作技能形成的最后一个阶段,在这一阶段中,学生的身体适应性会越来越强,具体来说,就是在前两个阶段的基础上,通过完善动作技术细节、加大练习负荷,来达到使学生在身体形态、生理机能、运动素质、运动技术、运动能力和心理素质等方面不断适应的过程。

这一阶段的特点主要表现为:大脑皮层兴奋过程高度集中、内抑制相当牢固,这就使得学生能够准确、熟练、省力而轻松、优美地完成动作,运动技能已经能够达到自动化的程度。

另外需要强调的是,在这一阶段中,要不断强化已形成的运动技能,进一步提高运动质量,如动作的稳定性、幅度和表现力等,这是本阶段的主要任务所在。

第三节　高校健美操教学的基本理念

一、"健康第一"理念

（一）"健康第一"理念概述

1950年，毛泽东首次提出"健康第一"的思想，旨在改变当时学生负担太重、健康水平日益下降的现状。[1]

"健康第一"理念本身有着显著特点，具体从以下几个方面得到体现。

（1）从学生的角度来说，开展学校教育的意义是非常重大的，是不可替代的。之所以要明确学校教育的首要目标，就是要将其指引性作用充分发挥出来，具体来说，就是指促进学生的健康成长；而"健康第一"理念的提出，突出了学生的身心健康的重要性，强调其才是教育的首要重点，而并非考试升学。

（2）从现代社会的角度来说，健康是所有人的追求，这就赋予了健康的社会意义，那么，这里所说的健康就不仅仅是身体健康这么狭隘了，而是广义上的健康，还包含了心理健康以及其他方面的健康，因此可以说，"健康第一"的理念是学生身心健康和谐发展的结合与统一。

（3）不管是什么样的教育，都要求学生具有健康的身体，这是基础性条件和要求，否则，教育行为就是空中楼阁。鉴于此，就要求学校从德育、智育、体育等各方面对学生负责。

（二）"健康第一"理念在高校健美操教学中的应用

作为教育工作者，体育教师要严格贯彻落实"健康第一"理

---

[1] 康娜娜.新中国成立以后我国学校体育思想的嬗变及其发展研究[D].中国矿业大学，2014.

念，将其作为重要任务。在高校健美操教学过程中，要始终坚持"健康第一"理念，这也为教师继续探索健美操教学、增强学生体魄奠定良好的基础。

具体来说，在高校健美操教学过程中贯彻"健康第一"理念，需要注意以下几点。

1. 要想方设法提升教师的综合素质

当前，随着体育教育的不断发展，其对体育教师的要求越来越高，单一的知识和技能体系已经无法满足现代教育的需求了，因此，体育教师要具有全面的综合素质。具体来说，高校健美操教师应该符合以下几个方面的要求。

（1）高校健美操教师首先要了解并熟练掌握与健美操相关的基础学科知识，深入分析并了解体育教育的人文价值，熟知学生素质发展的规律性，使自身的综合素养得到有效提升。

（2）高校健美操教师一定要从自身出发，树立终身学习的思想，做到与时俱进。

（3）高校健美操教师要将其在教学过程中获得的经验积累下来，并且积极参与到健美操相关的科研工作中，在工作中发现问题、探索问题、解决问题，成为一名探索和创造能力都比较强的、符合现代社会教育需求的新型科研型教师。

（4）现代高校健美操教学对教师的教学监控能力提出了更高的要求。具体来说，教师按教学目的对教学活动的决策与设计能力，课堂组织能力和管理能力，评估学生知识、技能的能力等都属于这一范畴。

2. 着重培养学生的健康意识和行为

在高校健美操教学过程中，学校和教师应该注重培养和引导学生的健康意识和行为。

（1）要以学生的具体实际为主要依据来进行健美操教学，在选择和制定教材时，要以学生的自身特点和发展特点为依据，做好相关的组织工作,使学生能够积极参与到健美操运动锻炼中去。

(2)在高校健美操教学过程中,一定要遵循适量原则。

(3)在高校课外活动中,健美操教师的指导作用也要尽可能发挥出来。

(4)根据高校的实际情况,尽可能开展形式多样的健美操运动比赛。

(5)有针对性地加强健美操教学相关的营养学、心理学、保健学、环保学、身心健康等知识教育。

二、"终身体育"理念

(一)"终身体育"理念的基本认识

作为终身教育的一个组成部分,"终身体育"理念就是人的一生中都要进行身体锻炼和接受体育教育与指导。要想对"终身体育"理念有更加深入的了解,可以从以下几个方面着手来加以分析和探索。

(1)就时间方面而言,"终身体育"理念是在人的一生中都贯穿始终的。

(2)就活动内容方面而言,"终身体育"理念适用于多种多样的运动项目,能够使不同的个体依据自身喜好进行自由选择。

(3)就人员方面而言,"终身体育"理念面向的受众是社会全体公民,其中青少年学生是重点受众。

(4)就教育方面而言,"终身体育"理念能够作为重要手段,来有效促进公民整体素质提升和国家繁荣富强。

"终身体育"理念,其中不仅具有良好的思想意识,还有着明确的行为倾向,是两者的综合体,"终身体育"理念的形成与体育意识这一重要的思想基础有着非常密切的关系。

体育意识本身的强烈程度就会有所不同,而这又会直接影响到人们终身体育思想的形成,因此,为了促进"终身体育"理念的形成,一定要使体育意识尽可能地强烈。

"终身体育"理念是贯穿于整个人生的,具有连贯性、持续性等显著特点;而对于社会而言,这是全体国民的体育,具有普遍性和大众性的显著特点,而二者的统一则是"终身体育"追求的最高目标。

(二)"终身体育"理念的特征与价值

1."终身体育"理念的特征

(1)终身性

"终身体育",就是在整个人生中都要参与到体育相关的活动中。这里所强调的整个人生,就是所谓的终身性特点,这也是"终身体育"理念最基本的特征。

"终身体育"理念本身就是对传统的学校体育目标的重大突破,是对学校体育教育的进一步发展和延续,正因为如此,"终身体育"理念被归为先进教育理念的范畴。相较于传统的体育教学理念来说,"终身体育"理念提出了以个体生长发育、发展和衰退的规律和阶段性特征为依据来进行科学的身体锻炼的要求,从而达到使人受益终身的效果。

(2)全民性

"终身体育"理念的全民性特征,主要是由于体育是群众性的,群众性是全民性的典型表现。具体来说,可以从以下几个方面进行剖析。

就对象方面而言,儿童、青少年、成人和老年人等都是"终身体育"理念全民性的表现。

就范围方面而言,不管是学校体育、家庭体育,还是社会体育等,也都属于"终身体育"的范畴。

以"终身体育"理念来对全民健身运动进行科学指导,其具有非常重要的实质意义,具体来说,主要表现为群众体育的进一步普及与发展,从而使广泛普及化得以顺利实现。

（3）实效性

"终身体育"理念的实效性特征,主要是指其显著的功能性。"终身体育"理念在实施时,一定要在明确的目标的指导下进行,具体来说,就是要求体育必须要促进运动者自身的全面发展和终身发展。对于"终身体育"理念来说,其将维护和改善人的生活质量、增进健康、延年益寿作为最终目标。

2."终身体育"理念的价值

"终身体育"理念在我国整体体育教学发展方面所产生的影响都是非常积极的。在学校中树立起"终身体育"理念,对于整个体育教学活动的开展和教学目标的达成都有着重要的指导作用。

某种意义上来说,终身体育实现与否,与这种理念是否树立和能力是否形成是有非常紧密的联系。当下,树立终身体育的观念要求教师正确引导学生科学认识和理解体育的价值,端正学习体育的态度,积极学会体育锻炼的技能,掌握体育锻炼效果评价的方法,形成终身体育能力,为终身体育锻炼奠定基础。

具体来说,"终身体育"理念在我国社会的全面健康发展以及体育教学方面所产生的意义与价值,主要表现为以下几点。

（1）促进体育教学的改革与发展。

（2）满足体育生活化的要求。

（3）适应现代化社会发展的需要。

（4）有助于社会主义经济建设工作的顺利进行。

（三）"终身体育"理念在高校健美操教学中的应用

"终身体育"理念在高校健美操教学中有着广泛的应用,具体体现在以下几点。

1."终身体育"理念对于学生终身体育意识的建立有帮助

对学生进行终身体育教育,实际上就是为了有效提升学生的体育意识。这就要求积极引导学生形成良好的参与健美操活动的兴趣;要对学生良好运动习惯的培养加以重视;对学生良好运动素质的培养也不能忽视。

2.将学生自我发展与社会需要有机结合起来,并对其加以重视

终身体育对人的一生中的各个阶段都会产生相应的影响,从而使其所产生的效益终身化。而高校健美操教学正是为未来扮演不同社会角色的学生提供了一个良好的参与运动锻炼的契机,指导其参与到包括健美操在内的运动锻炼中,从而为其进入社会后更好地适应社会创造有利条件。因此,终身体育不仅要促进学生在学校的发展,还应充分满足社会发展对学生未来的发展需求,这就要求体育教育一定要重视学生的当前发展和长远发展。

三、"以人为本"理念

(一)"以人为本"理念概述

"以人为本"理念,就是指以历史唯物主义为理论导向,针对当前我国社会发展过程中存在的突出问题以及在实际工作中所存在的片面性与局限性,而制定出的一种具有修正偏失、引领发展取向的思想观念。①

这一理念将人的"根本"地位作为强调的重点,具体来说,不仅要将人是社会发展的根本目的凸显出来,还要将人是社会发展的根本动力也同时彰显出来。

关于"以人为本"理念的概念,通常可以界定为:在教学实践活动中以学生作为教学活动的主体,以满足学生的学习需求为第一要旨,以促进学生综合素质能力的发展为第一目的,对教学活

---

① 张佩旭."以人为本"教学思想在高职院校体育教学中的渗透[J].黑龙江生态工程职业学院学报,2013(06).

动的开展具有重要引领与规范作用的全新理念。

(二)"以人为本"理念在高校健美操教学中的应用

在高校健美操教学过程中应用"以人为本"理念,要做到以学生为本和以教师为本两个方面的要求,因为教学和学生都是教学的重要主体。

1. 以学生为本

学生在高校健美操教学中处于重要的主体地位,其作为一个独立的生命个体而存在,应该得到应有的认可和尊重。因此,这就要求在高校健美操教学中牢牢树立"以学生为本"的观念。

学生作为高校健美操教学的主体,其自身要建立良好的主体意识,具体来说,就是要求教师要遵循尊重学生、信任学生的重要原则,对学生身心的健康发展起到积极的促进作用。具体可以从以下几个方面着手:对学生要足够尊重;对学生要足够宽容;要进一步丰富教学形式;一定要科学、客观地评价学生;构建和谐的师生关系。

2. 以教师为本

教师也是高校健美操教学的重要主体之一,其在这一过程中起到重要的主导作用。学校对学生的教育培养和促进学生的发展是通过教师的教来实现的。因此,在高校健美操教学过程中也要做到以教师为本。要做到以教师为本,需要从以下几个方面着手。

(1)要为教师营造宽松的工作环境和良好的工作氛围,在工作量上不作过高的要求,在教学评估方面也要给予积极的奖励。

(2)要高度关注教师的发展状况,使其做到与时俱进。在管理方面,不要有过分的防范性、强制性,而应该突出人性化,使他们自觉履行义务、承担责任。

（3）要尊重和信任教师，要保证在适当约束他们行为的同时，赋予他们一定的自由。

第四节　高校健美操教学的原则与方法

一、高校健美操教学的原则

（一）整体性原则

在高校健美操教学过程中，所有的教学内容都是作为一个整体来传授给学生，从而使学生建立完整的健美操知识、技能体系。因此，可以将高校健美操教学看作是一个完整的立体化的体系。这就要求在高校健美操教学的过程中，教师一定要遵循整体性原则，不要破坏各个项目的技术动作之间的联系，而应该从整体上去把握、去组织教学。

（二）审美性原则

健美操本身就是各种美的集中体现形式，包含着姿态美、节奏美、协调美、表情美、音乐美等，审美价值极高。这就要求在高校健美操教学过程中，教师一定要遵循审美性原则，使学生能够逐渐养成良好的审美意识，并且在健美操的学习和练习过程中，更加深入地发现和体验健美操的各种美，并将体验到的这种美内化，进而使学生对美的感受能力、欣赏能力和评价能力得到锻炼和提升。

（三）安全性原则

高校健美操动作内容丰富、种类繁多，其中不乏一些难度较高的健美操动作，为了避免运动损伤的发生，对学生的综合身体素质提出了更高的要求。比如，可以加强课堂安全教育，使学生的安全意识和自我保护能力有所提升；要做好场地器械的检查和维修工作,保证其使用的安全性；保证适宜的运动负荷和锻炼形式,避免不当运动行为的发生。

（四）循序渐进原则

对于学生来说,所有体育教学内容的学习都是循序渐进,由简单逐渐过渡到难度较大的动作技能的,这在高校健美操教学中也同样适用。具体来说,高校健美操教学中的循序渐进在教学内容、教学步骤、运动负荷以及学生的身体素质等方面都有所体现。

（五）全面发展原则

高校健美操教学中所涉及的技术动作,都对学生的身体素质有着不同的锻炼作用,因此,这就要求教师在教学过程中要对健美操的各方面教学内容都加以安排,从而保证学生身体素质的全面发展。比如,教材的搭配合理,使学生学习的技术动作尽可能全面；教学内容的重点与次重点都要有所涉及；教学考核项目和内容要全面；等等。

（六）从实际出发原则

增强体魄、磨练意志、提高审美,是高校健美操教学对学生的重要意义。因此,在健美操教学过程中,要求教师以教学的具体情况为出发点,与学生的实际情况和需求相结合,有针对性地选择教学内容和方法,遵循从实际出发的原则。

二、高校健美操教学的方法

关于高校健美操教学的方法,会从基本动作、运动技能入手加以分析,另外,还会对目前发展而来的一些现代新型教学方法进行简要介绍。

(一)基本动作教学方法

1. 讲解法

讲解法,就是在高校健美操教学中,教师以语言表述的形式将教学任务、动作名称、作用、要领、做法及要求等基本知识与要点传达给学生,从而对学生顺利参与健美操教学活动进行指导所用到的方法。教师在健美操教学中运用讲解法,不仅要保证讲解内容的准确性和简练,还要讲求适宜的讲解时机,一般,可在示范后进行讲解,也可边示范动作边讲解。

2. 示范法

示范法,就是教师在高校健美操教学中通过自身完成动作来给学生作示范,从而指导学生所用到的方法。在高校健美操教学中运用示范法,就要求教师一定要明确示范目的;规范示范动作,保证示范的高质量。同时,还要注意教师所做的示范要便于学生观察,这就需要教师对示范面和示范角度加以适当调整。

3. 带领法

带领法,就是教师在高校健美操教学中带领学生连续完成单个动作、组合动作、成套动作所用到的方法。在高校健美操教学中运用带领法,教师要尽可能采用镜面示范,以便于学生观察;对于复杂技术动作的带领示范,可先放慢速度,学生有了一定的进步后,带领的速度可以逐渐加快。

(二)运动技能教学方法

1. 音乐节奏教学方法

一般,在高校健美操教学初期,对学生采用的方法中就肯定有音乐节奏教学方法,主要是因为初学者对健美操中的音乐节奏

第二章 大学生健美操核心素养培育路径之教学指导

不敏感,难以把握,更无法按照音乐节奏做出相应的健美操动作。所以,在高校健美操教学过程中,加强对音乐节奏的教学是非常重要且必要的。具体来说,音乐节奏教学方法主要通过以下几种方式来进行练习:听音乐,数节拍;击掌,合节拍;踏步,合节奏;变换动作,合节奏;等等。

2. 动作变化教学方法

高校健美操教学中对运动技能的教学,都是通过不断变化的动作的各个因素来实现的,比如,动作速度、动作力度、动作幅度等。

(1) 动作速度教学方法

在高校健美操教学中,在动作速度方面,学生要想提高动作速度,可以通过快速踢腿、连续快速屈体分腿跳等进行练习,或者利用器械的重量练习得以实现。注意练习时一定要保证合理的运动负荷。

(2) 动作力度教学方法

要了解健美操运动的动作力度,就要首先认识"制动",因为这是健美操运动中动作力度的主要外在表现。健美操运动中的"制动",关键点在于肢体到达某一位置后克服重力、惯性并及时停止。

一般,在健美操运动中,大学生可以通过间接帮助法、直接帮助法来达到有效提升动作力度的目的。

(3) 动作幅度教学方法

健美操运动本身是一项舒展性特点非常显著的运动项目,这也是展现健美操独特魅力的重要手段,一般,健美操动作幅度大,通常能够给人一种舒展、大方及美观的感觉,大幅度的动作对机体产生的价值的显著性也更加强烈。

在高校健美操教学中,一定要强调动作幅度,而要做到这一点,不仅需要注意放松心态、增强自信,还要对大学生的柔韧素质进行重点发展,在科学的指引下反复进行多次练习。

3. 表现力教学方法

高校健美操教学中，大学生面部表情、身体姿态以及技术动作的展现即为表现力，表现力是否完美，会对最终的教学效果产生非常大的影响，可以说，这是教学成果的一个重要体现。一般，衡量学生健美操表现力的标准有三个：肢体能否准确到达某一位置、动作过程路线是否准确、精神是否能达到饱满状态。要使学生具有良好的表现力，可以通过表情训练法、形体锻炼法、镜面校对法等来实现。

（三）现代新型教学方法

除了上述两种教学方法之外，还有一些近年来新发展而来的教学方法，常见的有以下这些。

1. 连接法

连接法，也称"部分到整体法"，就是按照一定的顺序把单个动作连接并发展成组合的方法（表2-1）。

表2-1 连接法示意表

学习 A	Walk Fwd/Bwd
学习 B	Tap side
连接 A+B	1Walk Fwd/Bwd
	4Tap side
学习 C	Jumping jack
学习 D	Step touch
连接 C+D	4Jumping jack
	4Step touch
最后连接 A+B 动作和 C+D 动作	1Walk Fwd/Bwd
	4Tap side
	4Jumping jack
	4Step touch

2. 递加法

递加法,就是学习完一个新的单一动作或组合动作后,再与前面动作或组合连接起来进行练习的方法(表2-2)。

表2-2 递加法示意表

学习 A	4Step touch
学习 B	4Easy walk+V step
连接 A+B	4Step touch
	1Easy walk+V step
学习 C	2Grapevine
连接 A+B+C	4Step touch
	1Easy walk+V step
	2Grapevine
学习 D	4Jumping jack
连接 A+B+C+D	4Step touch
	1Easy walk+V step
	2Grapevine
	4Jumping jack

3. 金字塔法

金字塔法,就是递增或递减单个动作次数的方法,其有正金字塔和倒金字塔之分(表2-3)。

表2-3 金字塔法示意表

正金字塔	
1Tap side R+1knee up L	开始
2Tap side R+2knee up L	
4Tap side R+4knee up L	
8Tap side R+8knee up L	结束

续表

倒金字塔	
8Tap side R+8knee up R	开始 ▽ 结束
4Tap side R+4knee up R	
2Tap side R+2knee up R	
1Tap side R+1knee up R	

4. 线性渐进法

线性渐进法,就是排列单个动作顺序时,动作之间只改变一个因素(上肢动作、下肢动作或其他变化因素),不能形成组合或套路动作的最简单的自由式的教学方法(表2-4)。

表2-4 线性渐进示意表

节拍	动作	下肢动作	方向	上肢动作
1～16	A	8Step touch	面朝前	叉腰
1～16	A	8Step touch	面朝前	前伸*
1～16	B	*4Step touch（2R\2L）	面朝前	前伸
1～16	B	4Step touch（2R\2L）	面朝前	屈肘上提*
1～16	C	*4Grapevine	面朝前	屈肘上提
1～16	C	4Grapevine	面朝前	侧摆*
1～16	D	2（Grapevine+3Leg curl）	面朝前	侧摆
1～16	D	2（Grapevine+3Leg curl）	面朝前	抬肘后拉*

注:*表示变化因素

5. 过渡动作法

过渡动作法,就是通过在对新动作进行传授之前或在组合与组合之间加入或剔除掉一个简易要素来加以练习的方法(表2-5)。其有过渡保持法和过渡动作去除法两种具体形式可以选用。

表 2-5　过渡动作法示意表

学习 A	4Leg curl
学习 N	4Step touch
连接 A+N	4Leg curl
	4Step touch
学习 B	2Grapevine
学习 B+N	2Grapevine
	4Step touch
学习 A+B+N	4Leg curl
	2Grapevine
	8Step touch
学习 C	2Knee up
连接 A+B+C+N	4Leg curl
	2Grapevine
	2Knee up
	4Step touch
学习 D	3Mambo+P.V.turn360°
连接 A+B+C+D	4Leg curl
	2Grapevine
	2Knee up
	3Mambo+P.V.turn360°

6. 分解变化法

分解变化法,就是教师将复杂的动作分解为最原始的动作形式来进行教学,然后逐渐增加变化,使原有的组合中每次按顺序只改变一个动作,最终过渡到另一个动作组合的方法(表2-6)。

表 2-6　分解变化法示意表

动作	原始形式	教学过程
V 字步 V step	踏步 March	March–easy walk–V step

续表

动作	原始形式	教学过程
侧交叉步 grapevine	侧并步 Step touch	Step touch–double step touch–grapevine
侧并步 L 形 Step touch L shape	侧并步 Step touch	Step touch–step touch L shape–step Touch L shape ＋两臂交替上举
同时两臂交替上举		或 Step touch–step touch ＋两臂交替上举 Step touch L shape ＋两臂交替上举

第五节　高校健美操课的组织与实施

一、高校健美操课的基本理论

（一）健美操课的基本类型

根据健美操教学课的性质和具体教学内容，可以将其分为理论课和实践课两种类型，不同类型的健美操课的内容和形式也是不同的（表 2-7）。

表 2-7　健美操课的类型[①]

健美操课的类型	内容与形式
理论课	（1）健美操运动基本知识（健美操的定义、分类、特点、功能、发展等） （2）健美操运动术语（健美术语的概念、内容、构成、记写、运用等） （3）健美操基本动作（健美操动作概念、特点、作用、内容等） （4）健美操动作绘图（绘图意义、种类、表现形式、方法等） （5）健美操音乐（基本知识、表现手段、选择、剪接、欣赏等） （6）健美操教学与训练（任务、特点、原则、常用方法、计划、注意事项等） （7）健美操创编（目的、影响因素、各类健美操创编方法等） （8）健美操竞赛组织与裁判（竞赛的基本知识、组织实施、裁判方法等） （9）健美操科学研究（科学研究方法、程序等）

---

① 吴亚娟．大学健美操教程[M]．西安：西北工业大学出版社，2009．

续表

实践课	（1）引导课（开课的第一节课） （2）新授课（以学习新教材为主） （3）综合课（复习旧内容，学习新内容） （4）复习课（复习旧内容） （5）考核课（检查学生成绩）

（二）健美操课的主要结构

一般来说，一堂健美操课的时间为 90 分钟，课程结构主要由准备阶段、基本阶段和结束阶段组成。不同阶段的教学任务和教学内容不同，因此，所占的时间也有所差别（表 2-8）。

表 2-8 健美操课的结构安排[1]

健美操课程结构	教学时间	教学任务	教学内容
准备部分	20分钟	（1）组织好学生，使其保持注意力的集中，并为完成本节课的教学任务做好心理准备 （2）组织学生做一些热身活动，使身体运动器官关节、肌肉和韧带充分舒展，为正式上课做好身体准备	（1）课堂常规：考勤、宣布本节课教学内容和教学任务，提出基本的教学要求 （2）准备活动：进行热身操练习（基本步伐动作、基本手臂动作、组合动作等）和柔韧练习为主
基本部分	60分钟	复习上节课的教学内容，学习新的内容，对健美操知识、技术、技能加以掌握，提高身体素质，锻炼综合能力	（1）单个动作：基本身体姿态、基本动作、基本步伐、基本技术 （2）组合动作：身体姿态组合、基本动作组合、音乐伴奏下的组合动作 （3）成套动作：成套动作组合和表现力培养 （4）素质练习：力量、速度、耐力、柔韧等素质练习
结束部分	10分钟	（1）整理练习，快速运输和清除机体代谢产物，促进机体疲劳的恢复和血液循环的改善 （2）总结，布置作业	（1）意念放松练习 （2）拉伸性放松练习 （3）局部按摩放松练习 （4）配合呼吸进行的放松练习

---

[1] 吴亚娟. 大学健美操教程[M]. 西安：西北工业大学出版社，2009.

在健美操的教学过程中,健美操课的结构并不是固定不变的,而是灵活变化且形式多样的,教师可以人体生理功能变化规律、教学任务、学生的特点为依据来对课程结构进行适当安排和调整,从而保证理想的教学效果。

(三)健美操课的教学内容

健美操课有理论课与实践课两种类型,不同类型的课有不同的教学内容,具体见表2-9。

表2-9 健美操课的教学内容[①]

课程	教学内容
理论课	(1)健美操的概念、分类、功能、特点、术语 (2)健美操的教学与训练 (3)健美操音乐与创编 (4)健美操比赛 (5)健美操运动的卫生与保健
技术课	(1)基本姿态 (2)基本动作和基本技术 (3)组合动作 (4)成套动作 (5)身体素质训练 (6)乐感练习 (7)表现力训练 (8)能力培养

二、高校健美操课的组织工作

通过高校健美操课组织工作的开展,能使健美操教学课任务的完成得到保证。高校健美操的教学效果在很大程度上与健美操教学课的组织工作是否严密、合理有关。通常,井然有序的组织有利于学生掌握动作,同时也能使课中的安全得到保证,避免不必要伤害事故的发生。

---

① 吴亚娟.大学健美操教程[M].西安:西北工业大学出版社,2009.

第二章　大学生健美操核心素养培育路径之教学指导

（一）课堂常规及教学要求

健美操课堂常规的作用在维持课堂纪律、严密课堂组织、保证健美操教学课的顺利开展等方面都有充分的体现。对于高校健美操教学中的教师和学生来说，必须遵循课堂常规，因为这是他们必须遵守的规章制度，对于加强学生的思想教育、培养文明素质意义重大。

一般，高校健美操课堂常规包含以下几点内容。

（1）教师要做好上课前的准备工作。

（2）教师要根据学生生病、请假或者其他身体情况来针对性地安排相应的教学。

（3）为了使学生对教学情况有清晰的了解，教师在上课时要利用简短的时间针对本次课的主要内容、特点和目的对学生加以说明。

（4）教师要以教学大纲和教学进度为主要依据进行教学，切忌随意更改。

（5）学生上课时要按要求着装，任何妨碍或者不利于运动的装饰都不要戴。

（6）按教师的要求，组织学生做好器材的摆放，养成良好的存拿摆放习惯。

（7）加强安全教育与措施，做好准备活动与整理练习，使运动事故尽可能得到避免。

（8）教师在教学课结束时做好小结，有针对性地评价学生课上表现，并布置课后练习。

（9）教学课结束后，教师要与学生做好交流工作，以此来掌握教学课的质量和效果，为后续教学调整提供参照依据。

（二）合理组织队形

科学而熟练地运用队形，能够活跃课堂气氛，调动学生学习积极性，并能合理地调节课的密度和运动负荷。因此，在健美操活动中，为了保证活动的顺利开展，需要教师合理组织队形。

（1）按照人数的多少、场地的大小等条件将练习的队形确定下来。

（2）选择的队形不仅要便于学生看清教师的示范动作,还要利于教师的观察和指挥。

（3）练习的间隔与距离以不妨碍完成动作为宜。

（三）有效安排组织形式

1. 分组练习

分组练习的具体形式有很多种,采用什么样的形式要以实际需要为依据来加以选择,这些依据主要包含教学任务、练习内容、学生人数及场地器材设备等情况。

在分组教学时,教师要有目的、有计划地给予相应的巡回指导,同时要注意自己的站位,要做到既便于指导所在的小组,又便于观察其他小组学生的活动。

2. 集体练习

集体练习,就是所有的学生同时进行练习。这种组织形式在健美操课上的应用较为广泛。这种组织形式的主要特点是,便于体育教师集中讲解、示范,节省教学组织时间,有利于加快教学进程。

三、高校健美操课的组织实施流程

高校健美操课的组织实施流程如下。

（一）课前交流

课前交流主要是为了向学生详细介绍教学课。

在课开始时,首先要向学生介绍本次课的内容、特点和目的,使学生做到心中有数。

(二) 练习队形与示范位置

高校健美操课的教学效果会受到很多因素的影响，练习队形和示范位置就是其中之一。练习队形的确定要根据学生人数和场地具体情况加以确定。

示范位置的确定，要以使全体学生都能看到，便于指挥和观察为第一参照因素。

(三) 选择练习形式

高校健美操课常会采用集体练习形式。集体练习是一种最有效并被高校广泛采用的健美操练习形式。一般，可以将集体练习分为两种具体的练习形式，一种是集体同时练习，这种练习形式比较简单，形式比较单一，学生容易感到枯燥；一种是把学员分成若干个组，同时或依次做不同的动作的集体分组练习。

在高校健美操课中，集体同时练习和集体分组练习两种组织形式都是可以采用的，具体要根据实际情况来加以选用。

(四) 观察与调整

尽管教师都会在课前写教案，设计好练习动作，但是，课堂上仍会有各种各样的变化与课前预测是不一致的，这就要求教师及时、灵活地调整动作的难度、教法，从而使理想的教学效果得到保证。

(五) 激励

在高校健美操教学中，通常都会对学生采用激励法，这种方法能够使学生明确自己的进步，增强其锻炼的信心，并鼓励其向更高的目标努力。对于教师来说，适当使用激励法是他们的必备能力。

(六) 课后交流与总结

课后交流与总结作为最后一个步骤，具有重要的作用和意义,一方面是交流与反馈作用,即在课后留有一定的时间来对学生课上的感受和想法加以了解;另一方面是总结与改进,即将自己的感受和学生的反馈信息结合起来加以总结和评估,从而为下次课的改进和调整提供依据。

第三章　大学生健美操核心素养培育路径之训练指导

健美操运动训练是培养与提升大学生健美操核心素养的重要路径。通过科学系统的健美操运动训练能够有效改善大学生的体质状况，提升大学生的健美操技能水平，培养大学生的合作意识与审美能力，并能促进大学生文体生活的丰富和节奏感的增强。因此，高校应高度重视大学生健美操训练，科学构建与完善大学生健美操训练体系，不断提高训练效果。本章主要对大学生健美操核心素养培养的训练指导展开研究，主要内容包括健美操训练的科学理论指导、训练原则与方法、训练计划制定以及训练效果评价。

第一节　健美操训练的科学理论指导

一、超量恢复理论

1927年最早出现关于超量恢复的学说，这一年埃博登（Embden）和哈勃斯（Habs）发现通过运动训练能够增加骨骼肌的糖原、肌氨酸和磷酸肌酸储备。1948年，苏联列宁格勒体育科研所对人体和动作进行了大量试验，并首次提出"超量恢复"的概念。1977年，雅克夫列夫在自己撰写的专著——《运动生物化学》中第一次完整地提出"超量恢复"学说。雅克夫列夫指出，超量恢复是取得良好运动训练效果的重要理论基石。此后,"超量恢复"学说逐渐被运动生理、运动生化和运动训练领域的学者与研究人员认同,并将该学说运用在相关研究与著作中。至此,超量恢复理论成为"精典基础理论",对运动训练具有积极指导作用。[1]

现在,不仅专家与学者运用超量恢复理论来解释训练负荷与机能增长的关系,而且教练员也要求运动员在遵循超量恢复原理的基础上进行训练。超量恢复理论在学术界和运动训练领域受到高度重视。

运动过程中不同能源物质的消耗速度不同,恢复时间也有差异,不同运动对消耗能源物质提出了不同要求,因此在健美操训练中要以此为依据来安排训练负荷、训练量、间歇时间等。此外,一次训练结束后也要以超量恢复理论为依据来确定下次训练时间。

很多学者研究了不同能源物质的超量恢复情况,其中有关磷酸原恢复的研究成果更清晰。例如,在10秒全力运动中消耗三磷酸腺苷和大部分磷酸肌酸,运动后肌肉磷酸原的恢复情况见表3-1。

表3-1 10秒全力运动后肌肉磷酸原的恢复速率[2]

运动后恢复时间/秒	磷酸原恢复/%
10以内	少量
30	50
60	75
90	87
120	93
150	97
180	98

---

[1] 谢娟.现代运动训练的理论分析与科学操作研究[M].北京:中国商业出版社,2017.
[2] 曹青军.运动训练理论与实践[M].北京:北京理工大学出版社,2010.

第三章 大学生健美操核心素养培育路径之训练指导

上表显示,磷酸原在 20～30 秒内可以恢复一半。在力竭性运动结束后的 30 秒左右,磷酸肌酸可恢复到 70%,在 2～5 分钟之后基本全部恢复。这意味着在 10 秒全力运动中,两次运动之间的间歇时间至少在 30 秒以上,以促使磷酸原快速恢复,并维持运动强度。一般依据磷酸原完全恢复的时间安排间歇时间(表3-2)。

表 3-2 力竭性运动后可供选择的恢复时间[①]

恢复物质		恢复时间		
		半时反应时间	最短恢复时间	最长恢复时间
ATP、CP		20～30 秒	2～3 分钟	5～8 分钟
肌糖原	间歇运动后	5 小时		24 小时
	持续运动后	10 小时		46 小时
肝糖原		不清楚		12～24 小时
乳酸清除	运动性恢复	10～15 分钟	30 分钟	1 小时
	休息性恢复	25 分钟	1 小时	2 小时
氧储备			10～15 秒	1 分钟

超量恢复理论提出,在运动训练过程中体能能量物质大量消耗,训练结束后一段时间内,消耗的能量物质不断增加,能量储备逐渐超过原来水平,从而提高了机体的工作能力。所以在超量恢复阶段进行健美操训练可提高训练效果,而如果两次训练之间间隔时间太长或太短,都不利于提高大学生的机体工作能力。[②]

二、适应理论

20 世纪 50 年代,加拿大心理学家塞尔耶(Selye)提出了应激(stress)和"适应"理论,他从病理学的角度进行研究,被誉为"应激理论之父"。

---

① 曹青军.运动训练理论与实践[M].北京:北京理工大学出版社,2010.
② 曹青军.运动训练理论与实践[M].北京:北京理工大学出版社,2010.

在高校健美操训练中,大学生逐渐适应训练环境的过程就是训练适应。训练适应是一个螺旋上升的过程,大学生在"刺激—反应—适应—再刺激—再反应—再适应"的过程中适应能力与训练水平不断提高。

运动生理学专家研究指出,运动员在运动训练过程中会经历受到刺激、应答反应、暂时适应、长久适应四个适应阶段。大学生在健美操训练中同样也会经历这四个适应阶段。

在健美操训练过程中,如果运动量、运动负荷或间歇时间安排不合理,大学生某些身体机能会出现衰竭现象,因而容易造成运动伤病的发生。

第二节 健美操训练的原则与方法

一、健美操训练原则

(一)遵守规则进行训练原则

大学生运动员在健美操比赛中的表现是依据《竞技性健美操竞赛规则》而评价的,健美操比赛裁判员执裁时参考的唯一标准就是竞赛规则。大学生只有将竞赛规则理解到位,并自觉遵守规则,才能避免在比赛中出现犯规行为,才能以良好的表现力赢得裁判的认可,从而取得良好的比赛成绩。

按照竞技性健美操竞赛规则的相关规定,裁判主要从三个方面来为大学生完成的成套动作评分,包括完成情况、动作难度和艺术表现力,因此教练员与大学生都要对规则中的相关规定与要求有所了解,根据规则来创编成套动作,融入一些创新元素,使成套动作编排成果既符合规则要求,又有创造力。大学生对竞赛规则有所了解后,在难度动作的选择上以自己擅长的为主,并按规定准确完成难度动作,提高动作质量,这样能够提高整套动作的表现水平。总之,大学生在高校健美操训练中要准确理解竞赛规则,在规则的约束下进行训练。

(二)学生主体性原则

素质教育强调在学校教育中突出学生的主体性。高校健美操训练也是高校健美操教育的范畴,因此要尊重大学生的主体性,突出大学生的主体地位。教练员要积极引导大学生将自己的自主性与创造性发挥出来,对大学生的自我训练、自我提升能力进行培养,以不断完善与提升大学生的健美操核心素养。

在高校健美操训练中,教练员要善于将电化教学手段运用到训练课上,使大学生对训练重难点和一些细节有直观的把握,这也便于教练员指导大学生自觉参与训练。在日常训练中要采取启发训练的方式培养大学生的想象力和创造思维能力,将大学生的自主训练意识和创新意识调动起来,并不断强化其训练动机,使其更加主动热情地参与训练,积极配合教练员的工作。此外,高校也要多组织一些健美操竞赛活动,使大学生在赛场上发挥自己的主观能动性,展现自己的个性与艺术表现力。

(三)系统性原则

随着高校健美操运动的不断发展,对大学生各方面素质提出了越来越高的要求,大学生要按照一定的规律和严格的要求去参与训练,保证训练的系统性、连续性,这样才能积累良好的训练效果,在比赛中取得优异的成绩。在健美操系统训练中,要合理安排各个训练周期的训练目的与任务、训练内容与方法、训练负荷与时间,保证各周期训练的科学性、系统性、有效性。

(四)合理安排运动负荷原则

健美操训练中,大学生竞技能力的发展程度与训练中安排的运动负荷是否合理直接相关。在健美操训练的整个过程中对运动强度、运动量的安排与调控非常重要,这是制定与实施健美操训练计划的重要环节。循序渐进地增加运动量,提高运动强度,对大学生健美操竞技能力的逐步提升具有重要意义。竞技性健美操训练的供能方式以无氧供能、混合供能为主,这与健身性健美操的有氧供能是有区别的。而且竞技性健美操有很多复杂的技术环节,因此在训练中不仅要保持训练负荷的高强度,还要求大学生可以合理支配身体各部分的力量,有效控制上下肢、躯干的动作,尽可能将身体力量用到位,协调各部分的动作,提高训练的效率。

健美操训练中对运动强度的安排要有规律,在训练的适应期、上升期、冲刺期等不同训练周期安排相应的运动强度,逐渐提高大学生的适应能力和竞技能力。

(五)体能训练与技术训练相结合原则

随着健美操运动的快速发展和健美操竞赛规则的不断更新,对运动员完成成套动作的质量提出了越来越严格的要求,包括力量、速度、表现力等多个方面的要求。运动员要完成好成套动作,首先必须具备良好的体能素质。

健美操成套动作的运动强度很大,对运动员的力量、速度、能量代谢水平均提出了较高的要求,只有在这些运动素质和身体机能上达到要求,才能打好身体基础来完成成套动作。因此在高校健美操训练中,对大学生体能素质的训练非常重要。

运动员对健美操成套动作的高质量完成不仅仅是有良好的体能基础就能做到的,运动员除了要具备这一基础条件外,还要有良好的节奏感,在整套动作中节奏感要鲜明,要从身体动作上体现这种节奏感,如沿着身体重心垂线上下调整重心,要有鲜明的起伏,动作节奏与音乐节奏高度契合,各关节的弹动动作自然而有节奏,步伐动作要柔顺、连贯,要与音乐节奏保持高度的协调,并充分体现身体与地面的反作用力。而且不管完成多复杂的动作,不管动作的变化有多少,都要始终保持正确的身体姿态,不能破坏标准。这要求大学生在训练中掌握准确规范的健美操专项技术动作,提高动作质量和表现力。

在高校健美操训练中,要将体能训练和技术训练结合起来,使二者相互促进,提高大学生的体质健康水平和专项技能水平。

二、健美操训练方法

(一)基本姿态训练方法

在健美操运动中,基本姿态是非常重要的基础性素质与条件,健美操运动员对"健、力、难、美"的表现都建立在正确身体姿态的基础上。当前,我国高校健美操运动队在参赛中存在一些明确的问题,其中就包括身体姿态不标准,在操化动作与难度动作的完成中不能很好地控制身体姿态,导致运动员的表现看起来比较松散随意,影响了比赛成绩。因此,在高校健美操日常训练中,教练员与大学生要充分认识到基本姿态对技术动作的重要性,不能忽视对基本身体姿态及姿态控制的训练。健美操基本姿态训练中首先要培养大学生正确的身体姿态,养成正确的姿态习惯,然后结合健美操的要求塑造专门身体姿态,形成动力定型。在身体姿态训练中,为了增加感染力,还需要在外在姿态中融入感性因素。

下面分析健美操基本身体姿态的几种训练方法。

1. 本体感练习

为了使身体各部位保持正确姿势,要提高各部位的本体感觉,练习方法如下。

(1)上肢屈伸练习、绕与绕环练习、旋转练习等。

(2)向不同方向做腿的屈伸练习、弹动练习、踢腿练习以及跑跳练习等。

(3)腰部与胸部肌肉的收缩与放松练习。

(4)髋部平移练习、转动练习。

2.把杆练习

结合健美操项目的特点,进行脚背勾绷、下肢延伸、挺拔和开度以及控制身体各部位肌肉用力的练习,这些练习可借助把杆完成。在健美操基本身体姿态训练中进行把杆练习,可以参考芭蕾舞把杆练习的方法,有助于提高身体的灵活性及对动作的控制力。下面简单说明芭蕾舞中在把杆上的弹腿、踢腿的练习方法。

(1)弹腿

以向前弹腿为例。重心在主力腿上,动力脚包住主力腿的脚踝骨,脚跟朝前上方,膝盖外开向旁,由脚跟带动向前射出25°,力量集中在脚尖上;回的时候脚尖先回,回到包脚位置(图3-1至图3-3)。

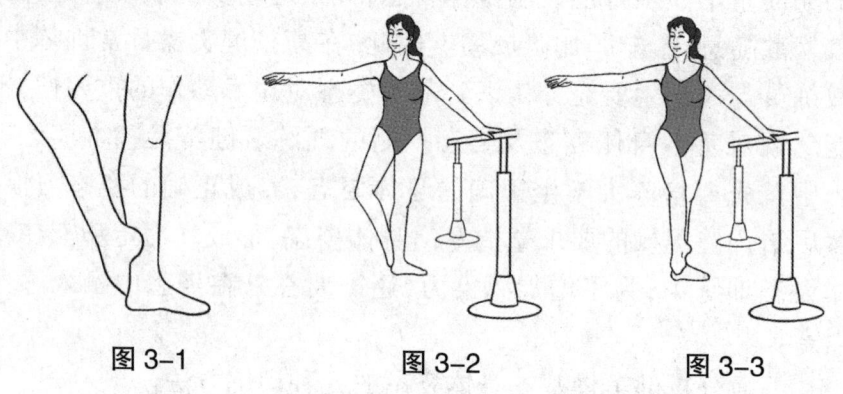

图3-1　　　　　图3-2　　　　　图3-3

(2)小踢腿

重心在主力脚上,经过擦地踢出去,高度在25°左右,力量集中在动力脚上,收回时,脚经过点地、擦地收回(图3-4至图3-6)。

(3)大踢腿

经过擦地踢出去90°以上,再经过点地、擦地过程收回(图3-7至图3-9)。

图 3-4　　　　　　图 3-5　　　　　　图 3-6

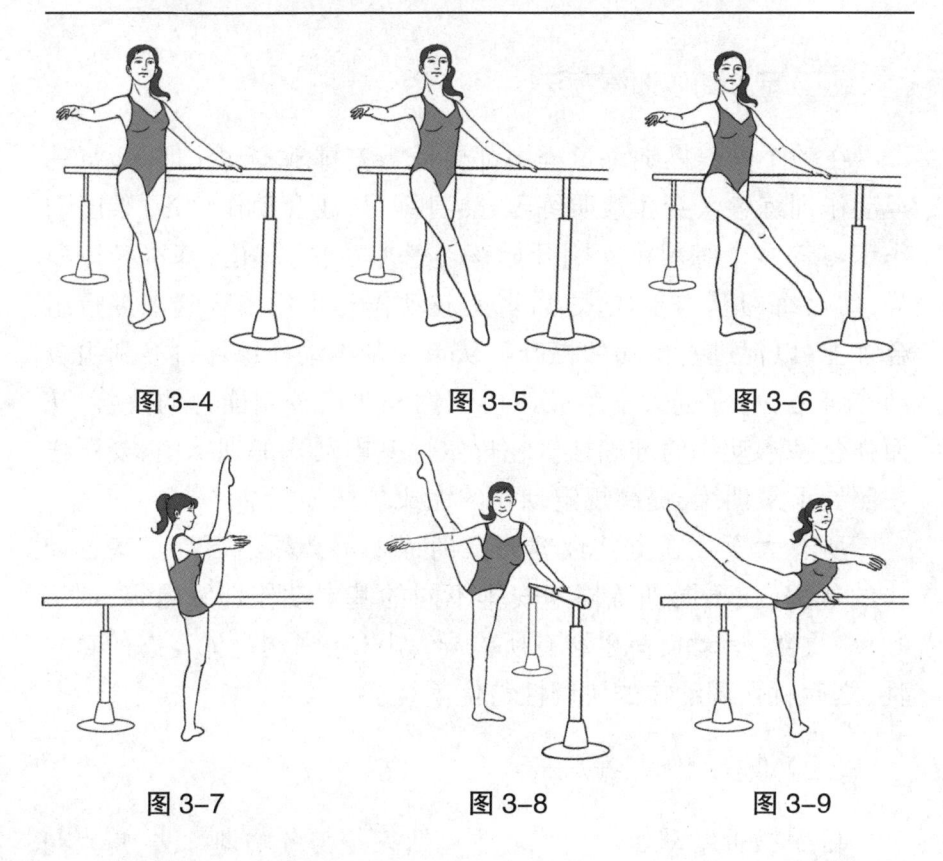

图 3-7　　　　　　图 3-8　　　　　　图 3-9

3. 律动练习

律动练习有助于对身体不同部位在动作完成中的正确姿态及用力方式加以掌握，有助于增加动作幅度，提升律动感。律动练习包括屈伸练习、摆动练习、绕环练习、弹性练习、波浪练习、肌肉收缩与放松练习等，练习时强调动作的律动性。

4. 舞蹈练习

练习基本舞蹈步伐和舞蹈基本动作，可以提高身体各部位的柔韧性与表现力，可以使身体更灵活，姿态更优美，关节活动范围增加，节奏感增强，同时也能提升身体不同部位完成动作时的协调能力。

（二）基本动作训练方法

在整个健美操训练过程中都要适当安排基本动作训练，将基本动作训练融入身体素质练习、热身练习、成套动作练习、难度动作练习等多个练习中。刚开始练习基本手位、脚位，基本身体姿势，然后练习基本步伐，之后将上肢动作与步伐结合起来进行组合练习，以促进基本功的提升。从单个基本动作练习过渡到组合动作练习，可促进大学生肢体协调性和肌肉控制能力的改善，从而强化基本动作的准确性。在规定性基本动作的训练中，要严格按照要求来训练，提高规定动作的完成规格与标准。

所有大学生在竞技性健美操训练中都必须经历练习基本动作的过程，在不同训练周期安排不同的基本动作训练内容，训练频率、次数、运动负荷也会有所差异，刚开始强调身体姿态的直立性，之后就强调动作的协调性与优美性。

（三）难度动作训练方法

健美操难度动作的训练方法包括完整与分解训练法、重复与变换训练法、连续与间歇训练法等。对大部分大学生而言，难度动作学习起来比较困难，所以要先进行分解练习，掌握完整动作的各个组成部分，将各部分练熟，然后将各部分结合起来进行完整练习，掌握完整的难度动作。大学生对难度动作的熟练掌握是多次重复练习的结果，随着练习次数的增加，印象越来越深刻，逐步达到自动化阶段。当大学生熟练掌握一种难度动作后，可以通过对训练形式、训练负荷的调整与变化来增加训练强度和训练乐趣，这也有助于培养大学生的应变能力与创造能力。此外，要注意将连续训练与间歇训练结合起来，合理安排间歇时间，预防过度疲劳和运动损伤。

传统健美操训练中，关于难度动作的训练主要采用的是模仿训练方法，即训练者具备一定的能力后，观看健美操视频来认识难度动作，产生初步印象，然后在教练员的指导下通过不断练习来掌握难度动作,但是训练者在模仿练习中对动作规格不够了解,这样即使是规定的难度动作,也会演绎出不同的"版本"。随着竞技性健美操的不断发展,传统的这种模拟练习方式已经过时了,因为现代健美操难度动作达到了较高的统一性和成熟度,而且健美操新规则对难度动作的规定较为开放,鼓励运动员对独特新颖的难度动作进行设计,这样单靠模仿练习难以体现出难度动作的新颖性和开放性。此外,难度动作中旋转类动作速度越来越快,对运动员的身体控制力、协调能力以及空间感提出了很高的要求,所以运动员即使身体素质好,也很难通过模仿练习掌握这类动作,因此需要加强训练方法的创新,灵活组合多种训练方法。

(四)表现力训练方法

健美操运动的表现力是健美操竞赛中非常重要的评估指标,其指的是运动员外在动作与内在精神的和谐统一。健美操表现力具体通过运动员的面部表情、身体姿态、技术水平、精神气质、音乐素养等多个方面体现出来,其中表现力的聚焦点是面部表情,其他表现形式都是烘托性因素。在高校健美操训练中要重视对大学生表现力尤其是面部表情表现力的训练。面部表情表现力主要体现在目视方向、眼神及笑容中,而其中最重要的就是笑容。所以,面部表情表现力训练主要以训练"笑"为主。大学生采用微笑训练法,从美学视角对自己的微笑姿势进行调整,选出最佳微笑姿势(自然、优雅、美感),然后对镜训练,并在最佳微笑姿势下完成健美操动作。

第三节 健美操训练计划的制订

一、多年训练计划

多年训练计划是对健美操训练长远目标的总设想,它预示着若干年后训练所要达到的水平。一般根据健美操训练内容,并结合主客观条件来逐年安排,以有效控制整个训练过程,达到训练总目标。健美操多年训练计划的安排见表3-3。

表3-3 多年训练阶段划分[①]

阶段划分	主要任务	年限	主要训练内容
基础训练阶段	主要侧重于发展一般的运动能力	3~5年	（1）基本运动素质 （2）一般心理品质 （3）协调能力、基本运动技能 （4）多项基本技术
专项提高阶段	提高专项竞技能力	4~6年	（1）训练理论知识 （2）专项运动素质 （3）专项技术 （4）专项心理品质
最佳竞技阶段	创造优异运动成绩	4~8年	同上
竞技保持阶段	保持专项竞技水平	2~5年	（1）参加比赛的心理稳定性 （2）专项技术 （3）专项素质 （4）训练理论知识

---

① 王京琼.健美操教学与训练[M].长沙：中南大学出版社,2008.

二、年度训练计划

(一)计划内容

1. 目的任务

根据健美操比赛、表演及相关活动开展的具体时间,从思想、技术、身体素质、作风等方面提出总目标和不同阶段的具体要求,包括意志品质和思想方面的教育。

2. 情况分析

分析大学生的身体素质、健康状况、技术水平、意志品质以及临时的心理反应情况、上一年度的训练成绩和训练问题。

3. 指标

包括身体训练和技术训练指标,逐一落实到人。

4. 训练内容

包括身体素质、基本姿态、基本动作、基本技术、成套动作,安排好各项内容的训练时间、数量、总量、测验时间。

5. 措施

包括训练措施、安全措施、考勤考核、卫生保健及理论学习等方面的措施,这是完成上述计划任务的具体办法。

(二)训练周期

根据比赛任务,年度训练计划可分为若干周期。一般情况下,业余训练一年有一个周期,有两个比赛任务的又可分为两个周期。每一个周期都包括准备期、基本训练期、比赛期和恢复期。

1. 准备期

准备期的主要任务是使大学生的体能得到最大程度的恢复与提高,学习和掌握健美操的操化特性,选择适宜难度的动作及合适的音乐,粗编成套动作。

主要训练内容是身体素质练习、动作组合练习、操化动作与基本技术练习、难度练习、恢复练习等。这个时期训练时间长,强度适中。

2. 基本训练期

主要任务是提高大学生的体能,使其适应比赛的强度要求,熟练掌握成套动作,提高动作质量,提高表现力,促进体能及时恢复。

主要训练内容包括单个动作练习、动作组合练习、专项耐力练习、成套动作练习、恢复练习。这一时期运动量要有起伏,在逐渐增加的情况下冲击两次以上的大强度训练。

3. 比赛期

这一时期主要分为比赛前、比赛中、比赛后三个阶段。主要任务是使运动员调整状态,调整体能,适应比赛环境,做好心理准备,以最佳状态参加比赛。要做好对大学生的思想工作与赛事安排工作。

4. 恢复期

这个时期要消除大学生在比赛中产生的生理和心理疲劳,准备迎接新的训练任务。

三、阶段训练计划

(一)计划内容

年度训练计划中最主要的环节是阶段训练。应根据年度训练计划的不同时期和不同任务设计阶段训练计划。各个阶段的训练计划要明确训练任务、训练时间,身体训练与技术训练的比例,规定动作与自选动作的安排,运动量的节奏及完成阶段训练任务的措施等。

(二)阶段安排

阶段训练计划分为准备阶段、基本阶段、比赛阶段和恢复阶段。有时准备阶段和基本阶段是年度训练计划中的准备期,比赛阶段就是比赛期。

1. 准备阶段

这一阶段要加强身体素质的练习,掌握和改进基本技术,复习单个难度动作及操化动作,运动密度与强度适宜。

2. 基本阶段

该阶段继续发展身体素质,以专项身体素质练习为主,提高难度动作质量,加强连接技术的训练及成套动作练习,本阶段训练量大,难度动作的练习要达到数量与质量的要求。

3. 比赛阶段

这一阶段以成套动作训练为主,提高成套动作的稳定性,训练方式尽量接近比赛条件,注意细节。

4. 恢复阶段

这一阶段要注意休息,训练时间相对减少,为新的周期训练做好准备。

四、周训练计划

周训练计划是根据阶段训练计划制定的,也是训练计划的基本单元,要衔接好相邻周的训练计划。计划内容包括以下几个方面。

(1)训练任务、训练时间、训练内容、训练要求。

(2)大、中、小运动量之间节奏的安排。

(3)周训练总结。

五、课时训练计划

课时训练计划是根据周训练计划的任务制定的,不能与周训练计划相脱离。每次训练课任务的完成情况直接影响年度训练计划的完成。课时训练计划的内容包括下面几个方面。

(1)课训练任务、训练内容和训练时间。

(2)训练手段和方法的选用。

(3)动作数量和质量的具体要求。

(4)课后小结。

第四节 健美操训练效果的评价

一、健美操训练效果评价指标体系

高校健美操训练效果评价指标主要有以下五类。

(一)身体控制能力

大学生在健美操训练中通过控制肢体与躯干以完成动作的能力就是身体控制能力,身体控制能力的好坏直接影响动作的准确性、规范性以及优美性。在健美操训练效果评价中要将此作为重要指标进行评估与判断。

(二)操化能力

对大学生健美操训练中的操化能力进行评价,主要是评价头颈部协调能力、躯干协调能力、上下肢协调能力以及动作与音乐的协调性。操化能力的好坏直接影响动作的整体性与一致性。

（三）难度能力

对大学生难度能力的评价主要包括静态动作难度能力、动态动作难度能力两个方面，通过评价来了解大学生对健美操难度动作的掌握情况。

（四）过渡衔接能力

健美操成套动作训练特别强调动作的连贯性、衔接性，这直接影响整体的流畅性与美感。因此，要重视对大学生在健美操训练中过渡衔接能力的评价。

（五）表现力

在表现力评价中主要对大学生的意志品质、精神面貌、面部表现力、情感表现力以及创造力进行评价。大学生在健美操比赛中要将健美操运动特有的力量美、形态美、精神美展现出来，要将自己顽强拼搏、坚持不懈、自信乐观、积极向上的精神传递给观众。对大学生艺术表现力的评价不可缺少。

上面几类评价指标中，身体控制能力属于基本能力，权重较低，而难度能力属于核心能力，是非常关键的评价指标，所以往往被赋予最高的权重。其余评价指标根据实际情况来调整权重。

二、健美操训练效果的评估模型

（一）构建评价等级模型

为了提高对大学生健美操训练效果进行评价的可操作性，需要对上述评价指标进行量化，最直观的量化方式就是赋予每个指标相应的分值，根据得分进行等级评判。为便于统计，上述五类指标每个分值都是 200 分,总分值共计 1 000 分,不同分数范围对应的评价等级见表 3-4。

表 3-4　健美操训练效果评价等级[①]

分值	等级
900～1 000 分	优
800～899 分	良
600～799 分	中
599 分及以下	差

(二)评价模型应用

在关于大学生健美操训练效果评价模型应用的研究中,要特别注意合理分配各类评价指标的权重,通过分配权重来评分,如果不能合理分配权重,评价模型就不科学、不恰当,在实际应用中就会出现一些问题。比如,对于明确提出的指标任务,不能按要求完成时,那么按照评估模型就要给予较低的分值,代表训练不及格。如果比较好地完成了指标任务,那么分值高一些,代表良好。如果指标任务完成得很出色,那么给予高分值,代表优秀。

三、健美操训练效果的评估方式

对高校健美操训练效果进行评价的主体是高校健美操教练员,教练员在评价中对训练效果的认同程度及意见一致性直接反映了大学生的训练水平。

(一)评估的认同程度

大学生参加高校健美操训练,最终的训练效果及成绩要得到专业教练员的认同,这是为大学生训练成绩打分的重要依据。教练员评估的权威程度直接影响其对训练效果的认同度,教练员越

---

① 程香.青少年竞技性健美操运动员专项训练效果评价研究[J].青少年体育,2018(03):33-34.

权威,评估越严格、专业,评价结果就越客观、可靠,这会大大增加评估结果的准确度。因此在高校健美操训练效果评估体系中,要特别重视权威评估及专业人士参与的评价方式,使评价结果更准确,对大学生的反馈更真实,向大学生提出更宝贵的训练建议或意见。

(二)评估中的意见一致性

对大学生健美操训练效果进行评估,还要考虑不同专业评价者评估意见的一致性,这直接影响评估结果的准确度。多名专业教练员共同评估,意见越一致,说明评估结果越准确,对大学生训练成绩及运动水平的反映越真实。

第四章 大学生健美操运动理论知识的培育

健美操运动的理论知识,是大学生学习健美操的重要内容之一,也是培育的重要核心要素之一。学习任何运动项目,都必须首先对这个运动项目有所了解,而该项目的理论知识则是需要了解的基础知识之一。对大学生健美操运动理论知识的培育,主要涉及健美操的基本常识、健美操运动相关的学科理论、营养剂的合理补充以及运动伤病的科学处理等方面。由此,能够使大学生全面掌握健美操运动的基础知识,对健美操运动有全面的了解与认识,建立深厚的理论基础。

第一节 学习健美操基本常识

一、健美操运动的术语常识

术语,就是专门用语。健美操运动术语,就是指在健美操领域中所用到的理论和技术方面的专门用语。

(一)健美操运动基本术语

健美操运动基本术语,主要用来对健美操的基本动作进行说明,由此来使大学生对健美操有一个基础性的了解。常见的健美操运动基本术语包含的内容涉及场地方位、运动方向与形式等方

第四章 大学生健美操运动理论知识的培育

面。下面就对这些主要术语加以介绍。

1. 场地方位术语

健美操运动的开展是要求有特定的场地的。因此,对健美操运动的场地方位术语加以学习和了解是非常有必要的。

健美操运动的方位术语,通常是借鉴舞蹈方位术语的。基本方向的第一点也确定为某一面(主席台、裁判席),然后依次按照顺时针方向,将场地的另外7个点确定下来(图4-1)。

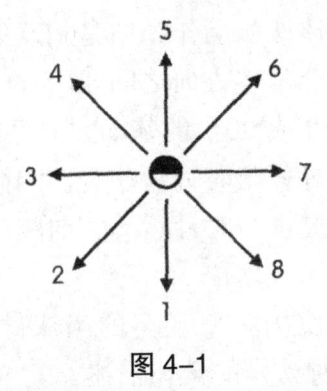

图 4-1

1 点：正前方
2 点：右前方
3 点：正右方
4 点：右后方
5 点：正后方
6 点：左后方
7 点：正左方
8 点：左前方

2. 运动方向与运动形式术语

(1)健美操运动方向术语

通过健美操动作方位术语,能够将身体各部位运动的方向明确下来,运动方向的确定是以人体直立时的基本方位为依据来实现的。

向前：指所做的动作朝向胸部所对的方向。

向后：指所做的动作朝向背部所对的方向。

向侧：指所做的动作朝向左侧或者右侧。

向上：指所做的动作朝向头顶所对的方向。

向下：指所做的动作朝向脚底所对的方向。

向内：指所做的动作逐渐朝向身体中线。

向外：指所做的动作逐渐朝向身体两侧。

同向：指不同肢体所做动作朝向是一样的。

异向：指两个肢体所做动作朝向是相反的。

中间方向：指两个基本方向之间45°的方向。

斜方向：指三个互成90°的基本方向之间的方向。

顺时针：指转动过程与时针运动方向相同。

逆时针：指转动过程与时针运动方向相反。

（2）健美操运动形式术语

健美操运动中，使用频率最多的当属健美操的动作形式术语，其主要作用在于对动作的具体描述。

举：指手臂或腿向上抬至某个位置。

伸：指身体某一部位朝向某个方向用力拉伸。

屈：指身体某一部位弯曲并形成一定角度。

撑：指手和身体某个部位同时着地并发力所形成的姿势。

倾：指身体与地面之间相接触并且产生一定角度。

蹲：指两腿屈膝形成一定角度并固定住动作的姿势，根据屈膝的角度不同，有半蹲和全蹲之分。

跪：指以膝着地与地面形成一定角度的姿势。

坐：指臀部着地且身体与地面形成一定角度的姿势。

卧：指身体躺在地上的姿势。

摆：指臂或腿在某一平面内呈现的钟摆动作，摆动角度控制在180°内。

绕（绕环）：指身体部分转动或摆过180°以上（360°以上称绕环）。

提：指由下向上所做的动作。
沉：指身体某部位放松下降所形成的动作。
收：指向身体正中线靠拢或还原到起始位置。
推：指以手进行对抗性用力所形成的动作。
夹：指由两侧向中间用力收紧的动作。
振：指臂或上体做大幅度的加速摆动作。
踢：指腿由低向高做加速有力的摆动动作。
蹬：指腿部由屈髋过渡到伸直发力的动作。
控：指身体或肢体（等）抬到一定的高度并加以保持的动作。
转体：指绕身体纵轴转体的动作。

(二)健美操运动专门术语

1. 健美操基本手型术语

掌：五指伸开。主要有并掌、立掌、分掌、花掌几种。
拳：握拳，拇指压住其他弯曲的指关节。
剑指：食指、中指并拢伸直，其余三指相叠。
响指：拇指与中指、食指磨擦后击打大鱼际肌处产生响声的动作。
"V"指：食指、中指伸直分开，其余三指相叠。
芭蕾舞手型：五指微屈，后三指并拢、稍内收，拇指内扣。

2. 健美操下肢动作术语

提踵：两脚跟提起，脚跟落下时有稍屈膝的动作。
并步：一脚在另一脚迈出后向其并拢屈膝点地。
弓步：两腿前后分开，两脚平行站立，蹲下，起来。
走步：踏步移动身体。
一字步：一脚向前一步，另一脚迈步并于前脚，然后再依次还原。
吸腿：一腿屈膝抬起，落下还原。

并腿跳：两腿并拢跳起。

分腿跳：分腿站立屈膝半蹲，向上跳起，分腿落地屈膝缓冲。

开合跳：由并腿跳起，分腿落地，然后再由分腿跳起，并腿落地。

二、健美操运动的音乐常识

(一)健美操音乐的种类

1. 爵士乐

爵士乐是健美操音乐常用的一种，是欧洲文化与非洲文化的混合体。爵士乐音乐本身是一种即兴演奏的音乐，其旋律由连续不断的切分节奏组成，音色鲜明而强烈，且节奏上的变换性较强，和声非常丰富，通过爵士乐，往往能够将欢乐喜悦的气氛表现出来。

2. 迪斯科

迪斯科音乐源于美国，由爵士乐不断演变而来。迪斯科音乐的旋律继承了爵士乐的切分节奏，其强调的重点在于打击乐，通过这一音乐类型能够将旺盛的精神力量体现出来。

3. 摇滚乐

摇滚乐，就是我们所说的滚石乐，其是从爵士乐中派生出来的。它有快有慢，往往重复出现一种节奏，带有摇摆的感觉。

4. 轻音乐

目前，那些轻松愉快、生动活泼而又浅显易懂的音乐，通常都会被纳入到轻音乐的范畴。常见的轻音乐类型包括：轻松活泼的舞曲；电影音乐和戏剧配乐；通俗歌曲及流行歌曲；日常生活中的舞蹈音乐和民间曲调；轻歌剧。

(二)健美操音乐的特点

成套健美操的音乐讲究韵律的变化要此起彼伏,节奏有强有弱,有快有慢,有抒情、有奔放。健美操与舞蹈、艺术体操相比更强调动作的力度,因此,通常可以将健美操音乐的特点大致归纳为以下三个方面。

第一,节奏鲜明、清晰有力。
第二,旋律优美、热情奔放。
第三,韵律和谐、有感染力。

(三)健美操音乐的表现形式

健美操音乐的表现形式也是多种多样的,其中,主要的有以下几种。

1. 曲型

曲型是音乐的结构形式。通常,可以将乐曲分为多种形式,可以是一部曲,也可以是两部曲等。但不管什么样的形式,其通常都具有主题和高潮两部分。

2. 稳定与不稳定

音乐的进展是靠音乐中的稳定与不稳定因素而进行与发展的,这样能使音乐产生对比,从而满足人们的心理需求,人们的审美心理存在着由稳定至不稳定再至稳定的心理倾向。同时,这种状态能够牢牢地把握住观众的感情,使观众随着健美操动作展示的不断变换和推进来享受跌宕起伏的情感体验。

3. 过渡与衔接

尽管大部分音乐是按乐句、乐段前后对称的,但是,也有一些乐曲中段落之间会有衔接或是过渡的部分。常见的有散板、和弦的转换、比通常的 4 小节一个乐句多 1~2 小节等。为了保持健美操动作与音乐节奏的完整性,健美操的音乐需要有良好的过渡与衔接。

第二节 掌握健美操运动相关的学科理论

一、健美操运动的生理学理论

(一)生长发育和新陈代谢规律

1. 个体的生长发育规律

每个个体都有各自独特的生长发育过程,这一过程并不是统一的,其中很多方面都会受到先天遗传因素的影响,比如,形态结构、生理机能、运动能力、心理特点以及寿命等。这种影响是靠遗传程序来制约的。它为个体的生长发育确定了大致的方向和水平。而这种程序则会受到后天环境的影响并发生相应的改变。包括健美操运动在内的所有的体育运动都能够对这种程度产生一定的作用。

个体的生长发育过程是持续人的一生的,时间跨度比较大,因此,为了便于更好地了解和研究人的生长发育,就对其进行了阶段性的划分,这也是其显著特点之一。具体来说,进行包含健美操在内的体育运动锻炼,能够对个体不同阶段的生长发育产生不同的影响,但是,总的来说,其所产生的影响是积极的、向上的。

2. 新陈代谢规律

新陈代谢,实际上就是生物体通过与外界环境之间不断进行物质和能量交换而实现自我更新的过程。因此,物质代谢和能量代谢都是新陈代谢的重要内容和组成部分。其中,物质代谢就是指人体与周围环境之间不断进行的物质交换以及物质在体内的转变过程,其中包含同化作用和异化作用;能量代谢则是指物质代谢过程中所伴随的能量释放、储存、转移与利用的过程。

进行健美操等体育运动锻炼,能使机体内的代谢过程得到有效增强,能量消耗增加。积极有效的健美操运动锻炼能使组织细胞内的酶系统产生适应性变化,提高酶的活动性,加速物质代谢和能量代谢的过程,能量物质的恢复更充分,可达到比锻炼前更高的水平,各器官系统功能增强,从而达到增强体质的目的。

最后需要强调的是,人体的新陈代谢与生命是共存的,如果新陈代谢停止,那么生命也就不存在了。

(二)运动中的能量供应

1. 能量供应系统

人体的正常生长发育是需要一定的能量供应的。人体的能量系统主要有三种,即有氧氧化系统、乳酸能系统(无氧糖酵解系统)以及 ATP-CP 系统。

(1)有氧氧化系统

有氧氧化系统的能量供应,主要是人体在有充足氧气存在的情况下,通过葡萄糖在细胞内分解成二氧化碳和水,并释放出大量的 ATP 来实现的。健美操等耐力性项目所要用到的主要就是有氧氧化系统的供能能力。

有氧代谢供能能力能够将一个人的心肺功能和耐力素质情况反映出来。个体要想提高自身的有氧氧化系统供能能力,可以采用较长时间的中等或较低强度的匀速跑,或较长间距的中速间歇训练等方法和手段进行锻炼。

(2)ATP-CP 系统

ATP-CP 系统也被称为非乳酸供能系统,主要是因为当 ATP 分解放能后,CP 立刻分解放能以补充 ATP 的再合成,这一过程是非常迅速的,不需要氧气也不会产生乳酸。一般,绝对速度通常会影响到这一系统供能能力的强弱。这一供能系统供能绝对值不大,持续时间很短,但是它供能快速,ATP是细胞唯一能直接利用的能源,其能量输出的功率也最高。

(3)乳酸能系统

乳酸能系统,通常也被称为无氧糖酵解系统。乳酸能系统对人体进行能量供应,其主要作用在于能够在暂时缺氧的情况下迅速供能。需要强调的是,这一系统供能不需氧,但产生乳酸积累。另外,乳酸能供能系统具有供能速度较快,维持供能时间也比较长等显著特点。

2. 能源物质的消耗与补充原理

人体日常生活和运动锻炼,都是需要一定量的能源物质来维持的,换言之,就是能源在消耗之后,为了保持人体的正常运行,需要补充适当量的能源。某种意义上来说,能源物质的消耗与补充也是人体的一种生理循环系统。

3. 超量恢复原理

所谓的"超量恢复",就是指人体在运动锻炼过程中,身体内各种能量物质逐渐消耗,而在运动后不仅可以恢复到原有水平,而且还会超过原来的水平。

影响超量恢复的因素有很多,其中,运动量大小是主要因素之一。一般,在一定限度内,运动量越大,超量恢复就越显著;反之,运动量过小,超量恢复也就不显著。除了运动量大小,疲劳程度以及营养供给等因素都会对超量恢复出现的时间早晚有重要影响。

(三)人体运动时的氧供应

氧气是人们赖以生存的重要物质,其重要性甚至要高于水,是必不可少的重要物质。从运动生理学的角度看,人体的供氧能力,即人体摄取、运输和利用氧的能力,对以有氧代谢供能为主的耐力运动能力以及人体体能水平都有着重要的决定性影响。

第四章 大学生健美操运动理论知识的培育

氧气的摄取和运输是通过呼吸、血液循环来联合实现的,它们统称为氧运输系统。氧运输系统能够把氧气从体外吸入体内并运送到各器官组织,供人体生命活动的需要。

总需氧量的计算公式:

总需氧量 = 运动期的吸氧量 + 恢复期的吸氧量 − 安静时的吸氧量。

从以上公式中可以看出,每分钟需氧量与运动强度之间是成正比关系的。

当人体在运动中呼吸和循环系统发挥出最大机能水平时,每分钟所能摄取的最大氧量,称为最大吸氧量(氧极限)。吸氧量的计算公式如下:

$$吸氧量 = 搏出量 \times 心率 \times 动静脉氧差$$

经常参加健美操运动等耐力性的运动锻炼,能使练习者的心脏贮备能力以及肌细胞利用氧的能力都得到显著提高,最大吸氧量也能有所增强。

二、健美操运动的心理学理论

(一)健美操运动的心理过程特点

关于健美操运动心理过程的特点,主要可以从以下两个方面得到体现。

1. 认识过程

(1)健美操运动能够使运动表象成熟

人们在参加健美操运动时,往往会对健美操运动的音乐、练习的环境、教练员的指导水平等方面产生一定的好奇心理。这种好奇心能够有效促使人们主动、积极地参与到健美操运动锻炼中,从而有效促使正效应的产生。经过长时间锻炼,锻炼者在锻炼时肌肉有了动力感、速度感、加速度感、方位感和节奏感,这就是运动表象成熟的体现。

（2）健美操运动有助于想象力丰富

健美操对于初学者来说，是一项陌生的事物，只是从电视上或者一些表演、比赛中看到过，大部分人对其是不了解的，更不用说参与其中了。在这样的状态下，要学习健美操的相关知识，以此来对健美操有一个理论上的基本了解，然后，再参与到健美操运动实践中，如此以来，人们的身体会对健美操的相关动作产生一定的感知，这就会直接刺激到感觉器官，使其对健美操的动作、音乐等有所感受，而且在思维和教师或者教练员的指导下，还能在头脑中创造出某些没有经历过的动作形象来，重新创造出新颖的动作技术，甚至还能够以一定的目的、人物为依据创造出新的动作形象。[1]这些都离不开人们丰富的想象力。而认识和参与到健美操运动锻炼中，能够使人们的想象力得到进一步的锻炼和丰富，这对于学生对健美操运动的理解，推动他们进行长期的健美操锻炼，激发他们在健美操练习中的积极性，成为健美操练习甚至终身体育的执行者和受益者都是非常有帮助的。

（3）健美操运动能促进动作思维敏捷和形象思维丰富

健美操运动的主体是人，在整个活动过程中，身体四肢、躯干、头等部位不停地活动，进行一种组合式的动作思维。这种思维形式是丰富的动作思维的重要构成要素。这种动作思维在健美操中的许多实际问题的解决方面有着重要意义。形象思维的结果能够将健美操的科学运动的本质和规律在一定程度上反映出来。在健美操运动中，运动的环境、音乐、场地、教练员等运动的场面都是以形象为特征的，这些形象是通过练习者的形象思维而产生的。而形象思维又是运用直观形象去解决问题的。

2.意志过程

人的意志品质也是重要的心理过程之一。坚强的意志品质

---

[1] 李美芹.健美操快乐教学探索[D].首都体育学院，2013.

是克服困难、完成各种实践活动的重要条件,其主要表现出自觉性、果断性、坚持性等显著特点。健美操运动与意志过程的关系也主要从这三个方面上得到体现。

(1)健美操运动与意志的自觉性

坚持长时间进行健美操运动锻炼,能使身体各方面机能得到有效发展和改善,能够更好地向脑细胞供氧、供能,提高大脑思维能力。除此之外,健美操运动锻炼对于改善新陈代谢,减少脂肪,延缓血管硬化,促进健康等方面也是非常有益处的。

(2)健美操运动与意志的坚持性

健美操运动本身就是一项具有青春气息的运动项目,再加上音乐的配合,赋予了健美操运动青春活力和欢乐氛围。在这种使人的心灵和情操得到陶冶和净化、身体得到全面协调的发展、健康的娱乐消遣活动中,人的精神面貌和气质修养也会得到一定程度的改善和提高,尤其是其中的一些集体配合练习,能使相互之间的感情得到升温,友谊更加和谐,个体的群体意识也会有所增强,使人能严格要求自己百折不挠地锻炼。[①]这种锻炼身心的双重功效又进一步对人们培养顽强的意志、锻造坚韧的毅力产生积极的催化作用。

(3)健美操运动与意志的果断性

通过学习健美操知识,参与到健美操运动锻炼中,能使人的动作记忆和再现能力得到有效的锻炼,在整体水平上有所提升,同时,也能使练习者神经系统的灵活性、均衡性得到优化,从而使人的协调能力有所发展,并能迅速采取行动,进而使意志的果断性得到有效培养。

(二)运动技能形成的心理过程

个体的心理因素对于运动技术的学习和掌握效果有着较大的影响,这主要是由于在运动技术的形成和发展过程中,心理过

---

① 张鹏,张春桃.对健美操教学中培养女大学生终身体育能力的探讨[J].湖北广播电视大学学报,2009,29(09):142-143.

程始终都会参与对技术动作的控制和调节。一般,运动技能形成的心理过程中涉及的要素有以下这些。

1. 运动知觉

运动知觉,就是人脑在外界事物和人体自身运动状态方面所作出的反映。通常,运动知觉有客体运动知觉和主体运动知觉两种,具体的划分依据为人脑所反映的事物运动状态是自身的还是外界的。这两种运动知觉在运动技术的形成与掌握中会产生独特的作用。运动技术的实现离不开运动操作,这是其基础性的前提条件。而准确、协调的运动操作要想实现,也有其重要的基础性前提条件,即高度分化的运动知觉。由此可以看出,精确分化的运动知觉在运动技术训练中的意义是非常重大的,可以说,正确的运动知觉是掌握各种技术动作的重要心理因素。

2. 心理定向

心理定向,可以将其理解为在心理方面做好指向性的准备,具体来说,就是动作开始以前和完成动作过程中心理的准备状态和注意的指向性。

一般,如果具备明确的心理定向,就能够在调整动作的内容、结构等方面与技术动作的特点完全保持一致,这时,学习健美操的大学生就能够在头脑中设计出达到目的的行动模式,由此,来将活动所要取得的结果反映出来,并且以所得出的结果为依据,来对自身的全部行动进行适当调节。

3. 心理活动

注意是心理活动中的一个重要内容,可以将其理解为对一定对象的选择性指向和集中,是一种心理状态。

在运动技术的学习中,不同运动项目的集中注意的指向也是有所差别的。因此,健美操集中注意的指向性也有其显著的特殊性,与其他运动项目是不同的。

4. 个性心理

所谓的个性心理,就是不同的个体在社会发展进程中所逐渐形成的一种较为稳定的心理特征,这种心理特征是具有一定的倾向性的,不同个体的倾向性都是多多少少有所差别的。在运动锻炼中,不同项目对运动参与者的神经类型和项目特点的要求也是有所差别的。

第三节 合理补充营养剂

一、健美操运动的营养需求特点

第一,要保持膳食营养的均衡性。
第二,所摄入的营养应该是高蛋白质、高热量、低脂肪的。
第三,摄入的矿物质要将铁、钙、磷突出出来。
第四,重视维生素的摄入。
第五,为尽快消除运动疲劳,可在运动后服用大枣、桂圆等煎熬的汤剂。
第六,宜在运动后食用一些碱性食物,以维持体内酸碱平衡,促进有害的代谢产物排出体外,促进疲劳消除。

二、健美操运动合理补充营养剂的原则

在健美操运动中进行营养剂的合理补充时,需要遵循的原则有以下几点。

(一)全面性原则

在营养剂的补充方面,要保证其合理性,首先就要保证其全面性,这是基础性原则。在健美操运动中,要想实现促进人体体

质增强和健康的目标,就要做到营养成分全面均衡,营养搭配因人而异,营养过程持之以恒。

(二)互补性原则

在日常生活中,人体对营养的需求是多方面的,但是,由于每一种营养素只有其特定的几种营养功能,对人体产生的影响是有限的,没有一种营养素能够满足人体的所有营养需求,因此,这就要求人体摄入的营养素必须是多种多样的。比如,可以通过粮食谷物来摄取糖类,通过肉禽蛋类等摄取蛋白质与脂肪,通过蔬菜与水果等来摄取维生素、无机盐。只有将这些不同种类的食物搭配起来,才能实现营养成分的互补,满足机体的需要。除此之外,还要注意以习惯为依据来进行粗细搭配,经常变换,就可避免主食单调。

(三)阶段性与特殊性原则

人的一生,是要经历不同的发展阶段的,而不同人生发展阶段对营养的需求也是有所差别的,这在营养的种类和数量上都有着充分的体现。比如,在青少年时期,人处于生长发育阶段,这就要求在保证营养成分的种类多样性的同时,也要保证其数量上的充足,此时的营养需求特点主要表现为:高蛋白、高热量、高维生素、适量脂肪,全面而均衡;老年阶段的主要目标是延缓衰老、健康长寿,因此,这一阶段人群的营养特点主要表现为:高蛋白、高维生素、低脂肪、低热量,为防治骨质疏松、高血压等老年退行性疾病,要补充钙质,限制钠盐,形成对某些营养成分的特殊选择。

这里所说的特殊性原则,主要涉及运动项目的特殊性。不同运动项目对人体营养的要求是不同的。健美操运动合理营养补充就要以健美操的运动特点为依据来确定,对于蛋白质、矿物质、维生素等要加大补充的量,其他营养成分则可以适当减少,从而保证健美操运动的有效性。

(四)合理性原则

在摄取食物方面,不仅要遵循人体生理活动基本规律,还要与自身的身体发育、发展和自己的饮食习惯相适应。通常,人的一日三餐热能的分配是不同的,比如,早餐30%,午餐40%,晚餐30%。但是,很多人存在着饮食习惯上的误解,通常忽视早餐的重要性,而将大部分的营养摄取放在了晚餐上,这是非常不科学的。早餐的缺失造成营养的欠缺,这就使得上午的健美操运动无法顺利进行,或者造成运动锻炼效果的大打折扣;而晚餐的超标摄取,则会导致身体消化系统压力过大,造成消化不良,饭后血脂浓度增高,睡觉后血流速度减慢,大量血脂容易沉积在血管壁上,容易造成血管硬化。而且晚餐的营养过剩还会导致肥胖等问题产生,这对于健美操运动以及人体的生长发育都是非常不利的。因此,这就要求早饭应摄入鸡蛋、牛奶等食物;晚饭要适量。

三、健美操运动合理补充营养剂的方法

对于健美操运动来说,营养剂的合理补充主要体现在运动过程中和运动结束后两个方面。

(一)健美操运动中营养剂的合理补充

通常情况下,在健美操运动锻炼过程中进行营养补充,可以从以下几个方面入手。

1. 糖类、蛋白质与脂肪的合理补充

对于一般的运动者来说,合理的饮食结构应是:60%~70%的糖类,12%的蛋白质,以及18%~28%的脂肪。对于健美操运动者来说,在这方面应该与其他运动项目一样,都严格控制脂肪的摄入,尤其是饱和脂肪酸,每千克体重需要蛋白质比正常人0.8克/千克体重的标准是要高一些的,即1.0克/千克体重。一般,

只要坚持健康的饮食,是很容易达到此要求的,不用额外再补充蛋白质。爱好运动的人消耗的热量相较于正常人来说是要高一些的,所以,这就要求其饮食中要额外补充热量,糖类是最佳的能量来源。

2. 维生素、膳食纤维的合理补充

健美操运动对维生素和膳食纤维也有着较高的要求,而这些通常是通过蔬菜、水果等的摄入来加以补充的。通常情况下,健美操运动者1天至少应食用新鲜蔬菜500克,品种最好有2~3种,以新鲜深色蔬菜为佳,相应地使用烹调油,全天用20~30克植物油是可以的。

3. 水和矿物质的合理补充

在健美操运动过程中,由于运动量和运动强度较大,往往会导致人体大量出汗,以此来起到机体散热的作用,但是同时,出汗也会导致大量的水分和电解质经由汗水流失,因此,这就要求在健美操运动锻炼过程中,一定要做好水分和电解质的补充,这是非常重要且必要的。一般来说,运动过程中所补充的饮料通常都为糖盐水,菜汁、果汁、咸菜汤等也是理想的选择。但是不管补充的水分的形式是什么样的,都要遵循少量多次的补充原则。[1]

(二)健美操运动后营养剂的合理补充

在健美操运动结束后,饮食方面的安排也不能忽视,具体要求如下。

第一,健美操运动结束后,不要立即进食,进食时间以休息1小时之后为宜。

第二,健美操运动后所摄取的食物要是细软的、易于消化的,切忌暴饮暴食或过饥过饱。

---

[1] 江新华.健康中国视域下青少年体质健康与促进研究[J].青少年体育,2017(11):111-112.

第三，饮食要有规律性，每餐基本做到定时定量，一日三餐为宜，如有必要，加餐一次也是允许的。

第四，健美操运动的供能物质主要为糖类，运动后血糖浓度减少显著，这就要求在糖类的补充上要有所增加，含糖量高的食物是理想选择。

第五，健美操运动结束后要适当补充维生素，在补充量上要做到充足，从而有助于加速体力恢复、保持较强运动能力，其中，维生素 C 和维生素 B 是尤其需要注意补充的。

第六，水分的补充能补偿出汗的失水量，保持体内水分的平衡。补水时要注意少量多次，还要适当进盐。

第四节　科学处理运动伤病

一、健美操运动损伤的科学处理

健美操运动中会不可避免地出现一些运动损伤，这就需要掌握一些科学处理的方法。

(一)擦伤

擦伤，就是肌体表面与粗糙的物体相互摩擦而引起的皮肤表层的损伤。通常会有表皮剥脱，有小出血点和组织液渗出的现象。

科学处理：

(1)对于擦伤部位较轻较小的情况，通常用生理盐水或其他药水冲洗伤部，涂抹红药水或紫药水即可；如果擦伤发生在面部，则需要涂抹 0.1% 新洁尔溶液。

(2)如果擦伤的面积较大，且创面中嵌入沙粒、炭渣、碎石等，则需要使用生理盐水将擦伤面消毒、清洗干净，然后撒上云南白药或纯三七粉，盖上凡士林纱布，适当包扎。

（二）撕裂伤

撕裂伤,就是因为受物体打击而导致皮肤和皮上组织出现裂口的损伤。

科学处理：

（1）如果伤情比较轻,可先消毒、止血,再用消毒纱布覆盖、加压包扎。

（2）如果撕裂伤较严重,则需立即送医院进行专业诊治。

（三）腰部扭伤

腰部扭伤,即人体运动超过了腰部肌肉、韧带的伸展限度或收缩不协调造成的损伤。腰部扭伤的症状主要为疼痛和腰部活动受限。

科学处理：

（1）如果腰部发生了扭伤的情况,需要即刻停止运动。

（2）如果扭伤后出现剧烈的疼痛,则要立即送往医院进行专业诊治。

（3）在伤情处理后 24 小时,采用热敷和外敷伤药以及按摩等治疗手段。

（四）关节脱位

关节脱位,即为关节面失去正常的联系。关节脱位的症状主要为：关节囊撕裂,关节周围的软组织损伤或破裂；受伤关节疼痛,有压痛和肿胀感,丧失关节功能。

科学处理： 马上用夹板和绷带在脱位所形成的姿势下固定伤肢,尽快送医院治疗。

（五）腰部肌肉筋膜炎

腰肌筋膜炎,就是平时所说的腰肌劳损,多系急性扭伤腰部后,治疗不彻底即参加运动,逐渐劳损所致。其症状主要表现为：

有局部酸疼发沉等自发性疼痛。

科学处理：可采用理疗、按摩、针灸、封闭、口服药物、用保护带及加强背肌练习等非手术治疗手段；对顽固病例可手术治疗。

二、健美操运动疾病的科学处理

健美操运动中仍然会存在着一些运动疾病需要加以注意和处理，具体如下。

（一）过度紧张

一般，健美操运动中的过度紧张，主要是由于身体及心理素质较差、运动水平较低、机体过度疲劳等原因造成的。症状主要为：头晕、眼前发黑、面色苍白、全身无力、站立不稳、恶心呕吐、脉搏快速细弱、血压明显下降。

科学处理：

（1）病症较轻者，可仰卧在垫上，短时间休息后可恢复。

（2）如果出现脑缺血，患者要平卧休息，头稍低，为了促进其恢复，可给予热糖水或镇静剂。

（二）运动性腹痛

运动性腹痛通常主要是由于身体素质较差、运动水平较低，运动负荷过大，呼吸与动作之间的节奏配合失误等原因造成的。其症状主要表现为腹痛。

科学处理：

（1）患者用手按压疼痛部位，或弯腰跑一段距离，通常就能减轻或消失症状。

（2）适当调整运动强度，使呼吸和运动节奏相配合。

（3）病情加重则需要立即停止运动，口服止痛药物，点掐或针刺足三里、内关、三阴交等穴位，进行腹部热敷等。

（4）上述处理症状得不到缓解，需立即送医。

(三)肌肉痉挛

肌肉痉挛,就是我们平日所说的抽筋,具体是指肌肉发生的不自主的强直性收缩的现象。肌肉痉挛的症状主要为:全身肌肉强直,双眼上翻或凝视,神志不清,出现局限性抽风现象。

科学处理:

(1)牵引患者痉挛的肌肉。

(2)采用推摩、揉捏、点穴等按摩的方法。

(四)运动性贫血

运动性贫血,主要是指运动者的生理负担量过大而参加运动训练所导致的病症。主要症状为:头晕、乏力、易倦、记忆力下降、食欲差。

科学处理:

(1)适当减少运动的量与强度,必要时停止训练。

(2)服用维生素C和胃蛋白酶合剂。

(3)口服硫酸亚铁片剂。

(4)多食用富含蛋白质和铁的食物。

(五)运动性血尿

一般,运动性血尿是由肾缺氧、肾静脉高压、肾损伤、膀胱损伤等原因导致的。一般,在运动后即刻出现血尿。

科学处理:

(1)对身体进行全面的检查,排除病理性血尿。

(2)出现肉眼血尿,应立即停止运动。

(3)对出现少量红细胞而无症状的运动者,应减少运动量,继续观察。

第五章　大学生健美操音乐与动作编排技能的培育

健美操运动的快速发展对大学生健美操素养的培育提出了更高的要求。健美操音乐编排能力与动作编排技能是大学生健美操核心素养的重要组成部分。音乐是健美操的灵魂，是增强健美操动作艺术感、突出健美操风格、表达健美操意境以及渲染气氛的重要形式。健美操成套动作是健美操运动的核心，使大学生熟练掌握成套动作是高校健美操教学的重要目的之一。在高校健美操教学与训练中，培养大学生根据健美操动作选配与编排音乐的能力及根据音乐风格编排健美操成套动作的能力是提高大学生健美操核心素养的关键。本章主要就大学生健美操音乐与动作编排技能的培育展开研究，主要内容包括健美操创编的影响因素、依据与原则、具体流程、健美操音乐的选配与使用以及健美操动作的编排。

第一节　健美操创编影响因素的分析

影响健美操创编的因素可以概括为主观因素和专项因素两类。

一、主观因素

健美操创编的主观影响因素主要是创编者因素，具体表现在以下几个方面。

（1）创编者的知识结构与层次。

（2）创编者的敬业精神、钻研精神。

（3）创编者的专业创编能力，包括观察能力、总结归纳能力、表达能力。

（4）创编者的创新素养，包括创新意识、创新知识、创新能力以及创新心理品质。

二、专项因素

健美操创编也受专项因素的影响。下面主要分析影响竞技性健美操成套动作创编的专项因素。

（一）音乐

在健美操创编中，音乐是源泉，音乐的选配是基础，确定音乐后，要以音乐的风格特征及主题为依据来编排其他内容。因此说，健美操创编以音乐为基础，要特别重视对特色鲜明、风格突出的健美操音乐作品的选用。

（二）操化

编排健美操成套操化动作，既要突出动作的冲击力，又要强调动作的欣赏性，使男运动员在完成动作时将自身的力量、韧性充分展现出来，使女运动员在完成动作时将自己的柔性、美感充分体现出来。此外，编排操化动作还要注意运动员之间的默契配合和协同一致。

（三）难度动作

编排难度动作，要对运动员的实际情况予以考虑，如果是女子团体项目，则要重点考虑女运动员的力量和强度，如果是男子团体项目，则要着重考虑男运动员的柔韧性。而如果是男女混合项目,则要全面考虑力量和柔韧性,选取平均难度的动作,并创编适用于不同性别的且具有高分值的难度动作。

(四)过渡连接

在过渡连接动作的编排中,要将动作的创新性体现出来,并保证成套动作的完整与流畅性。过渡连接动作要能将团队中每个成员的个人技能水平及整个团体的配合能力充分展现出来。

(五)路线变化

健美操成套动作的观赏价值一定程度上由移动线路所决定。路线变化不能太简单或范围太小,否则会影响成套动作的艺术观赏性,从而影响分数。但是路线变化也不能太复杂或范围太大,否则在比赛中很容易出界,这同样容易丢分。因此,在路线变化的设计中要尤为注意,要将比赛场地最大限度地利用起来,要保证路线的均匀和平衡性,但这些都建立在一个最基本的前提下,那就是要将地面、站立和空中的层次变化体现出来。

第二节 健美操创编的依据与原则

一、健美操创编的依据

(一)健身性健美操创编依据

健身性健美操的主要功能是强身健体,大众参与健身性健美操运动主要是为了增强体质,因此对这类健美操进行创编,主要应参考一般的运动健身原理、原则以及大众参与者的性别、年龄、爱好和健身需求。

(二)竞技性健美操创编依据

创编竞技性健美操,主要参考的因素包括运动员的健美操综合技能、个人创造能力、团队协作能力以及竞技性健美操运动竞赛规则与裁判法。

(三)表演性健美操创编依据

表演性健美操具有娱乐性、观赏性,主要依据项目特性而编排这类健美操,编排上要多用艺术手法,将这类健美操运动的艺术观赏价值充分体现出来。

二、健身性健美操创编原则

(一)针对性原则

编排健身性健美操时,要对健身者的实际情况有所了解,清楚不同类型的健身者各有哪些要求,同时也要了解参与对象的身体情况,是否有运动功能缺陷或身体功能疾病等。此外,参与对象的身体形态、运动素质、运动基础、心理状态以及其参与健美操健身运动的现实环境等也都是需要考虑的因素。

(二)合理性原则

健身性健美操创编要贯彻合理性原则,具体表现为结构合理。健身性健美操的创编离不开科学创编思想的正确指导,要创编出具有科学性、健身性的健身性健美操成套动作,就要遵循科学的规律和创编原则,要清楚健身性健美操成套动作的结构组成。一般来说,健身性健美操成套动作由以下三个结构要素组成。

1. 准备部分

准备部分是为基础部分做准备的环节,使身体状态从静止变

第五章 大学生健美操音乐与动作编排技能的培育

为运动,同时也要做好呼吸上的调整与准备,通过深呼吸调整状态,准备迎接有一定运动强度的练习。准备部分的准备工作既有思想上、心理上的准备,也有身体上的准备,身体准备活动以肌肉拉伸和关节活动为主,要注意呼吸的配合。

2. 基本部分

在一套完整的健身性健美操成套动作中,最主要的就是基本部分。基本部分主要是在一定运动负荷下完成练习活动,包括肌肉练习、关节活动、操化练习、跑跳练习、垫上练习等。通过这些练习,可以起到消耗能量、减脂塑形、锻炼身体机能、提升身体素质的作用。在基本部分的创编中,要注意肌肉拉伸练习的规范性。

3. 结束部分

结束部分主要是做一些放松练习,运动负荷相对较小,肌肉拉伸以达到放松的效果,促进身心恢复。

在上面三个部分的编排与设计中,不要突然增加或降低运动负荷,要逐步增加或减少运动负荷,同时要注意相邻部分之间的衔接。

(三)创造性原则

健美操是一项综合性体育项目,包含了体操、舞蹈、音乐等多个元素,因此在健美操创编中要适当地将体操、舞蹈等动作融入其中,吸收相关项目的动作元素,进行独具创造的设计与编排,最终突出健身性健美操运动的表现力、艺术性、娱乐性、健身性。

现代健美操运动在产生之初很好地将体操动作与美国盛行的迪斯科舞蹈动作结合起来,这项独具个性的有氧运动早期就吸引了很多舞蹈爱好者和体操爱好者的参与。人们之所以能够接受融舞蹈与体操于一体的健美操运动,主要是因为这项运动既有健身性,也有娱乐性。经过以吸收舞蹈动作来创编健美操动作的初步尝试后,这种在吸收与借鉴基础上进行创编的行为越来越普遍。更多的舞蹈动作被融入健美操运动中,但不是简单拼接舞蹈动作,而是在原来舞蹈动作的基础上进行创造性的改变,吸收不同风格的舞蹈动作后,健美操风格也变得越来越多元化,健美操形式也越来越丰富,出现了拉丁操、爵士操、搏击操等有氧健美操运动。

　　健美操运动对不同风格舞种动作的吸收体现了其强大的包容性。吸收舞蹈动作而创编健美操是健身市场的需求,也是健美操发展的必然趋势。健身性健美操创编者的专业水平主要就体现在其能否借鉴舞蹈素材或其他相关项目的动作而进行独具创造性的设计与编排。

　　借鉴其他项目的动作而进行健身性健美操创编,需要对以下几方面的要点予以重视。

　　首先,在成套动作中可以吸收舞蹈动作或其他项目的动作,但要保证具有统一的风格,而且风格应该是鲜明的和独特的。舞蹈是艺术类项目,与时代、文化密切相关。舞蹈的风格与特征往往能够将其所处时代的文化特性体现出来,因此将具有时代性与文化性的舞蹈动作融入健美操成套动作中时,要考虑受众的文化背景,与受众文化背景相符或接近,才能保证受众尽快接受健美操,才能提升健身效果。而如果不对舞蹈的文化背景和时代背景予以考虑,不加选择地融入多个舞种的动作,盲目追求动作的丰富,容易使健身者练起来毫无头绪,有一种鱼龙混杂的感觉。总之,吸收与借鉴其他素材时,要考虑受众的消化能力和接受能力,为了使受众乐于接受和快速消化,还需要对原素材内容进行适当改变与调整。

　　其次,基于对健美操特点的考虑而吸收舞蹈或其他项目的动作。不管借鉴什么项目的动作,都要经过严谨思考、认真分析、适当改造、创新运用的过程。健美操运动本身的风格特点主要表现为热情奔放,有强烈的节奏感,韵律鲜明,动作有力,动作衔接流畅等,这些都是创编者需要考虑的因素。借鉴与使用其他项目的动作时,要符合这些风格特点,而且也不能违背人体运动规律,否则容易使健身者在锻炼时发生损伤。

最后,在健身性健美操成套动作的创编中,要根据成套主题而选配相应风格的音乐。所以,要先将成套作品的主题、中心思想明确下来,然后有针对性地筛选适合的音乐,这样才能使健美操音乐增强健美操动作艺术感、突出健美操风格、表达健美操意境以及渲染气氛的作用充分发挥出来。

三、竞技性健美操创编原则

(一) 多样性原则

竞技性健美操成套动作中包含不同风格的动作、不同类型的动作以及不同难度大小的动作,操化、难度等各类动作要达到一定的均衡性。竞技性健美操的多样性与均衡性缺一不可。多样性具体表现在以下几个方面。

(1) 竞技性健美操动作组合的多样性。
(2) 竞技性健美操动作节奏的多样性。
(3) 竞技性健美操移动路线的多样性。
(4) 竞技性健美操过渡动作的多样性。

上述竞技性健美操的多样性在竞技性健美操竞赛规则中都有明确的规定。之所以规定竞技性健美操要有多样性,主要是为了使竞技性健美操的观赏价值更突出。内容丰富的竞技性健美操成套动作能够将健美操运动员多方面的能力体现出来。

从当前国内外健美操比赛的开展情况来看,成套动作多样化是一个重要特色与趋势,因此在竞技性健美操成套动作的创编中,应该顺应这一发展趋势,紧跟时代潮流,创编出内容丰富多样且均衡的成套动作。竞技性健美操成套动作的均衡性主要从类别数量均衡和结构均衡两个方面体现出来,在一套动作中不能过多出现同一类操化动作或同类难度动作,要从运动员自身情况出发而进行适当安排。此外,竞技性健美操成套动作中难度动作虽然占有重要地位,分值较高,但也不能盲目编排太多难度动作,而且并非难度越高就越有利于取得比赛胜利,具体还要视运动员的竞技能力及整套动作的风格而定,要确保运动员可以凭借自己的竞技能力优美地、高质量地完成难度动作,否则这会成为主要扣分点。

(二)流畅性原则

竞技性健美操成套动作的编排必须贯彻流畅性原则,这主要针对的是对连接与过渡类动作的编排。竞技性健美操成套动作的优劣有很多判断标准,而连接与过渡类动作是否流畅就是其中一个非常重要的评价指标。

在竞技性健美操创编中遵循流畅性原则,需要注意以下几点。

1. 动作组合流畅

创编竞技性健美操组合动作时,步法的重心处理十分重要,步法与步法的连接应该是自然流畅的,各种移动与转体应当两腿交替运用,连续使用一条腿时必须恰当巧妙,要有节奏变化。上下肢的连接同样要连贯自然。

2. 难度动作与前后动作衔接自然

准备做一个难度时,先考虑它的难度类别与运动形式,前后连接的动作应有利于顺利完成难度动作,并使前后动作看起来十分流畅、完整。

3. 路线变化流畅

通过运动员、表演者身体方向的变化可以在水平方向创造流畅。在做这些变化时,避免生拼硬凑、生硬连接,而应利用健美操运动本身节奏快、变化多、步法变动快等特性而由一个动作或一个面变化成另一个动作或另一个面,充分运用人体的运动规律尽可能避免出现中断现象。

（三）个性化原则

不同的竞技性健美操运动员之间都或多或少存在差异，具体表现为外形、身体素质、运动能力、擅长的健美操风格等方面。基于这一事实，在竞技性健美操成套动作创编中应充分掌握运动员的个性及实际情况，并充分挖掘个人的特点、优势与潜能，然后进行个性化创编，使运动员能充分发挥个性与优势，并实现自己的个人价值。

（四）艺术创造性原则

健美操运动具有鲜明的艺术性，如朝气蓬勃、积极向上、欢快动感，它可以给观众带来良好的艺术享受。健美操的艺术创造具有两重性，一是创编过程中的艺术创造，二是运动员完成成套动作过程中的二次创造，而前者是基础，因此在创编过程中要特别重视艺术创造，为运动员的二次创造奠定良好的基础。

要展现竞技性健美操成套动作的艺术性，就要在创编过程中对运动员的表达能力、个人习性有所了解，从而提高创编的目的性、方向性，把握好创编的尺度感。

在竞技性健美操成套动作的编排中，要突出成套动作主题与音乐的艺术创造性。主题的出现要能够突出艺术性。如果没有具体的主题，应该围绕着成套的风格与气氛来创编。优美、完整及独特的音乐风格是展现动作与艺术性的动力，音乐能够为创编者提供创造的源泉，使创编者产生灵感。恰如其分地运用音乐表现手段，可以突出艺术效果，使动作更具生命力。在音乐创编中，应分析结构、节奏、旋律、配器等诸多因素，找出动作与音乐的结合点，使动作的艺术性与创造性得到充分的彰显。

四、表演性健美操创编原则

（一）以音乐为灵魂原则

音乐是健美操不可缺少的重要组成部分，可以给创编者带来灵感。在表演性健美操的创编中，要准确表达音乐内涵，或先制作音乐，再进行动作创编，使动作与音乐完美结合。

（二）丰富性原则

观赏性是表演性健美操的主要特征。变化、冲突、优美、移动的事物很容易吸引人们的注意力。因此在表演性健美操的创编中，除了需要呼应的情况下，应尽可能避免出现重复动作，保证成套动作中动作内容、动作路线、空间利用、节奏变化、人员调动的多样性。

（三）艺术性原则

艺术性是健美操的重要特点，由于目的与条件等方面的限制，在健身性健美操与竞技性健美操的创编中难以将艺术性作为首要创编目的与原则，而表演性健美操的创编可以做到这点，在创编中尽可能充分展现健美操的艺术魅力。

第三节　健美操创编的具体流程及操作

一、整体构思

整体构思是健美操创编的第一步，在明确健美操创编目的、任务及参与者具体情况的基础上，有针对性地初步设想整套操。通过总体构思形成关于整套操的一个框架，然后在这个大框架的

第五章 大学生健美操音乐与动作编排技能的培育

前提下填充动作内容。总体构思的内容包括健美操的分类和性质、整体动作风格、动作基本内容、成套动作的时间、难易程度、音乐节奏和速度、运动量和动作强度等。

一般来说,健美操整体构思的方法有以下两种。

第一种:制定目标→选择与剪辑音乐→选择与确定素材→建立基本结构→按创编原则组合动作与分段→按成套顺序完成成套动作的组合→评价与修改。

第二种:制定目标→构思成套的结构→选择与确定素材→按原则组合动作→按成套顺序组合成套→创作与剪辑音乐→评价与修改。[①]

二、制定目标

创编者选好构思模式后,先确定创编目标,使创编具有目的性,以便少走弯路。制定目标时,首先要明确通过套路动作所要达到的目的,也就是说要清楚"为什么创编"。思考这一问题,先从健美操的分类开始,如为了比赛、健身还是表演,然后思考具体的目的,如:

健身→按功能选择→对象及客观条件等。

竞赛→竞赛类型→规则→对象→预期成绩。

表演→表演类型→要求→对象及客观条件→预期效果。

确定目的后,思考套路的风格,它决定了成套的个性与艺术价值。

三、选择与剪辑音乐

音乐作为健美操的重要组成部分,在创编过程中要尤为重视。根据整体构思,有目标地选择音乐,既要考虑音乐本身是否符合健美操的特点,也要考虑音乐风格是否符合健美操动作风

---

① 《健美操运动教程》编写组.健美操运动教程[M].北京:北京体育大学出版社,2014.

格。当拿到一个音乐作品时,先考虑它能否打动你,如果聆听音乐时感到激动,特别是能激起想象与灵感,那么这首音乐是可选的。反复聆听音乐,感受它在讲述什么,它是怎么开始—发展—结束的,还要感受音乐是怎么过渡的。与此同时应该划分音乐的段落,确定需要的音乐段落后,思考这些段落的衔接与过渡,使它们衔接得更自然、流畅、有特点。特别要考虑如何有一个激动人心的开始与结束。最后,利用设备剪辑与制作音乐。

音乐编排示例:

原创音乐:(时间2′28″)

前奏(4×8)—A段(8×8)—B段(4×8)—间奏(2×8)—A段(8×8)—B段(4×8)—结束(2.5×8)共计32.5×8

剪接后音乐成品:

前奏(2×8)—A段(8×8)—动效音0.5×8—B段(4×8)—间奏(2×4)—结束(2×8)—动效音0.5×8共计19*8[①]

四、选择与确定素材

选好并剪辑好音乐后,就要考虑动作了。首先,应该考虑有代表性的、风格鲜明的动作。然后,选择主体动作,也就是所谓的素材选择。素材收集主要靠平时的学习与积累。当确定目标后,在素材库中选择适合目标的动作。选择不是一次性的,如果有条件,先把素材中的动作编排成组合动作中进行检验,评价是否有效。通过检验初步确定素材动作,随后编排成一个个的动作组合,这些组合与音乐的段落相对应。

五、分段创编

分段创编建立在整体构思与动作设计的基础上,就是把全套动作的创编化整为零。健美操包括开始—发展—结束三个部分。

---

① 《健美操运动教程》编写组.健美操运动教程[M].北京:北京体育大学出版社,2014.

根据创编原则建立结构的同时,必须考虑音乐对结构的制约。音乐的乐句、过渡、乐段及终止等因素与成套结构紧密联系。一般音乐在开始部分——"序"和结束部分——"终止"的节奏与配器是很独特的,具有吸引力。

在分段创编中要尽可能发挥想象力。例如,要创编一套表演性健美操时,首先考虑自己最熟悉的健美操项目、最有把握的健美操音乐与动作,然后根据表演要求进行初步设想,反复想象整套操的整体框架,如何开始、发展、结束,有了清晰的初步设想后就可以进行具体操作了。

六、组合成套动作

经过上面的步骤,创编出与音乐段落、风格、节奏相协调的动作组合。按段落的先后顺序将一个个动作组合组装起来,再在特殊的地方加入创造性的动作。

七、评价、修改

初步编完一套动作后,先进行初步实践,然后再评价与修改。创编者可以自己进行评价,也可以请有关专家评价。

如果是评价健身性健美操,可参考创编原则进行评价,主要评价锻炼价值;动作是否顺畅;是否具有趣味性、艺术性。

如果是评价竞技性健美操,则主要依据竞技性健美操竞赛规则及创编原则进行评定。

如果评价结果不满意,要进行修改,解决问题,使成套动作更合理、完善。

第四节　健美操音乐的选配与使用

一、健美操音乐的选配方法

（一）根据健美操风格选配音乐

健美操运动深受广大人民群众的喜爱，参与健美操运动的人分布在各个地区，包括各个年龄段的爱好者。在现代健美操运动创编中，参与者的个人情况是一个非常重要的创编依据。根据参与人群的年龄分布而创编适合各个年龄段参与的健美操运动，如儿童健美操、青少年健美操、中老年健美操，它们的风格有明显的不同，根据各自的风格特征选配音乐能够更好地推广各类健美操，吸引适龄人群参与。例如，儿童健美操适合搭配节奏欢快的音乐；青少年健美操适合搭配热情洋溢、青春动感的音乐；中老年人健美操适合搭配节奏舒缓、速度缓慢的音乐。根据各类健美操运动的风格选配音乐，要考虑受众的实际情况，要使各类健美操的受众都能在参与过程中获得良好的体验和充分的放松。

（二）根据健美操动作选配音乐

健美操动作有多种分类方法，对不同类型的动作要选配不同的音乐，如对于低冲击力动作，考虑到这类动作的动作幅度小，所以适合选择慢速或中速音乐；对于高冲击力动作，如跳跃、踢腿等，适合搭配高速音乐。

健美操动作速率也会影响对音乐的选配。如果一套健美操10秒内有16～18拍，动作节奏慢，适合选择慢速音乐；如果有24～26拍，动作节奏快，适合选择快速音乐。

(三)根据参与者的特点选配音乐

健美操是健身锻炼的重要项目之一,人们参与健美操运动,在音乐伴奏下完成动作,放松身心,达到良好的强身健体、愉悦心情及陶冶情操的效果。人们参与健美操运动的健身效果与音乐有很大的关系,音乐选配合适,就能很好地放松身心,健身效果就会增强。对音乐的选配要考虑健美操动作数量、动作强度、动作难度、动作节奏。有些参与者刚开始接触健美操运动,所以选择难度小的动作来练习,而且动作节奏也较慢,针对这类参与者所选择的音乐应该具有节奏明快、速度舒缓的特点。有的参与者有一定的运动基础,选择难度较大、动作节奏较快的健美操套路动作来练习,对于这类参与者,选配的音乐应具有节奏较强烈的特点。

二、健美操音乐的运用技巧

健美操动作与音乐密切相关,音乐启动的同时开始跳健美操,音乐转折时动作也要有所变化,音乐继续,动作也继续,音乐停止,动作也结束。整套健美操的完成过程都是与音乐分不开的。关于健美操音乐的运用技巧,主要从编排、节奏和剪辑三个方面来说明。

(一)编排技巧

健美操运动具有艺术性,外在动作形式是表达内在情感的载体,外在的"形"与内在的"情"密不可分。创作健美操音乐一般都有明确的动机,即明确所创作的音乐将要运用于哪个健美操成套作品中。在音乐编排中,编排者的音乐基础知识、专业知识是否扎实,是否能正确理解健美操风格,是否能将健美操音乐与动作风格融为一体,都决定了音乐创编的质量与效果。此外,健美操创编者还要了解音乐制作的程序,从而在创作中有计划地开展工作。健美操音乐的编排与制作程序如图 5-1 所示。

(二)节奏技巧

健美操音乐节奏与动作速度密切相关,节奏快,动作速度快,节奏慢,动作速度慢。在健美操音乐编排与运用中,要了解不同类型健美操的音乐速度,如竞技性健美操 10 秒 22 拍～26 拍,健身性健美操 10 秒 24 拍以下。

(三)剪辑技巧

健美操音乐有严格的时间限制,因此剪辑很重要。音乐播放后所起到的作用、达到的效果以及对气氛的渲染都受到音乐剪辑质量的影响。音乐剪辑要考虑项目的要求、比赛的规则,而且不能破坏每个乐段的完整性。

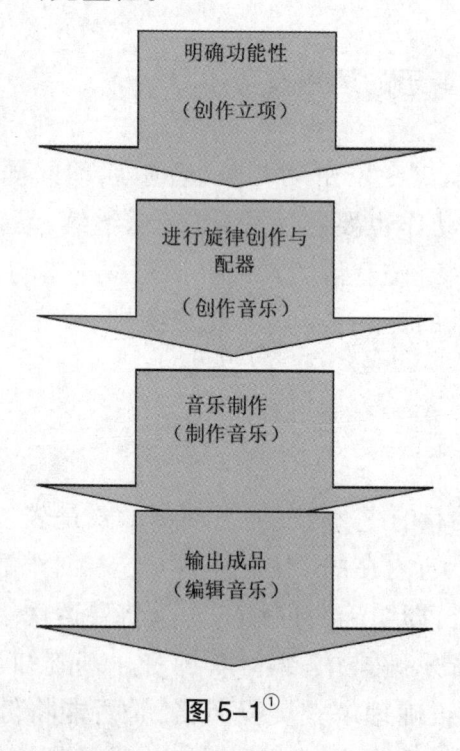

明确功能性
(创作立项)
↓
进行旋律创作与配器
(创作音乐)
↓
音乐制作
(制作音乐)
↓
输出成品
(编辑音乐)

图 5-1[①]

---

① 王莹.健美操音乐的创编理论及运用的实证研究[D].武汉体育学院,2013.

第五节　健美操动作的编排

一、健美操动作创编方法

（一）单个动作创编

在健美操动作创编中，单个动作创编是基础，对成套动作的创编是从单个动作开始的。在培养大学生的创编能力时，要先指导大学生创编单个动作，使其树立创编意识，培养创编兴趣，然后逐步进入对组合动作和成套动作的创编。

在单个动作创编中，可以让学生根据给定的步伐动作创编相应的上肢动作，学生创编时，引导其充分思考，发挥想象力，学生创编结束后，将自己创编的动作表演给同学和教师看，以对其健美操表现力进行培养，同时也能使其他学生学习借鉴。在初步编排阶段，教师要多鼓励学生，采用启发的方式来指导学生，使学生有信心，相信自己，并勇敢将自己的创造性思维融入动作的编排中。教师在评价学生的编排成果时，要多表扬学生，尊重学生的想法，但也要指出不合理的地方，帮助完善。

（二）组合动作创编

经过单个动作的创编后，进入组合动作创编阶段。鉴于每个学生能力有限，所以先对学生进行分组，各组学生合作完成组合动作的创编任务。

教师先布置简单的组合动作创编任务，如 1×8 拍组合动作，学生对基本创编方法有所了解后，先排列组合单个步伐动作，再创编手臂和步伐的组合动作。关于步伐顺序的排列，学生可自由完成，但要根据已有步伐动作来编排手臂动作，使手臂动作与步伐动作的组合符合健美操特点和人体活动规律。学生完成组合动作创编后,教师引导学生在原有组合动作的基础上进行变化处理,如动作方向的变化、动作路线的变化、动作节奏的变化等,使学生对健美操的丰富性、立体性有深刻的体验,同时促进学生创编思维的拓展与提升。

完成简单的组合动作创编后,进入有一定难度的创编阶段,即完成 4×8 拍组合动作的创编,教师要先选好配套的音乐,让学生根据音乐进行创编。在这个创编过程中,要重点使学生掌握如何把握动作之间的衔接关系,如何运用好过渡动作,从而使创编出来的组合动作更流畅、连贯。

在组合动作的创编中,学生要充分发挥自己的创造思维和创造能力,要熟练掌握动作之间的连接技巧,使动作更丰富、多变、流畅。教师可要求学生表演自己创编的组合动作,表演时要注意动作准确、清晰、规范,有节奏感,与音乐节奏一致,而且富有一定的表现力。经过这个阶段的创编,大学生的自信心能够得到提升,也能积累一些创编经验和技巧,从而为成套动作的创编奠定良好的基础。

(三)成套动作创编

大学生能够熟练编排单个动作和组合动作后,便可进入成套动作创编阶段。一般以创编健美操集体项目中的 6 人健美操成套动作为主,同样将学生分为若干小组,各组成员合作创编。在初步创编中,教师先规定成套动作的完成时间,一般是 2 分钟或 3 分钟。学生可以自由选择音乐,创编动作,要注意动作之间的协调、连贯,而且要适当变化队形。健美操集体项目的创编中,队形的变化很重要,大学生要掌握好以下三种队形转换形式。

1. 直接转换

6 人同时移动转换成新队形。如 6 人从一个横排队形直接转换成两个横排队形(图 5-2);6 人呈两三角站立,同时向箭头方向移动,变成 T 形(图 5-3)。

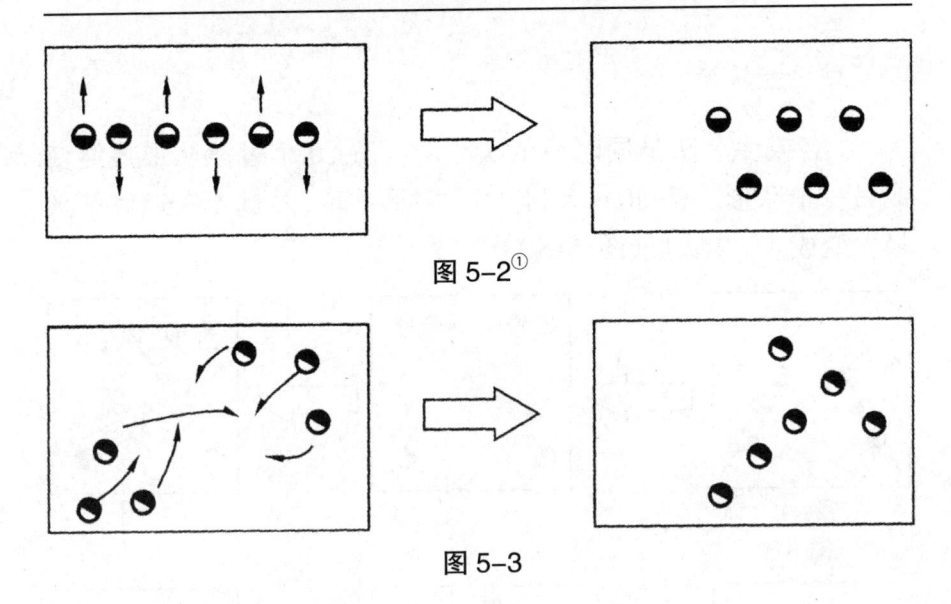

第五章 大学生健美操音乐与动作编排技能的培育

图 5-2[①]

图 5-3

2. 依次转换

6人分组依次完成特定动作,或部分队员移动位置,变成新队形。例如,6人站成圆形,顺时针方向移动,最后成直线队形(图5-4);6人成两斜排站位,其中2人沿箭头方向移动,成4—2队形(图5-5)。

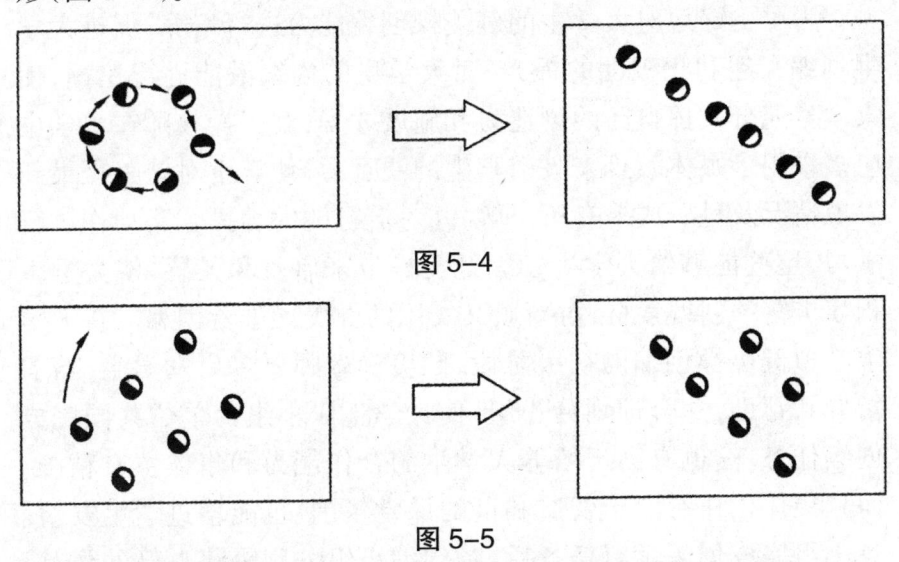

图 5-4

图 5-5

① 马鸿韬.健美操创编理论与实践[M].北京:高等教育出版社,2004.

3. 逐渐转换

1名或多名队员同时或依次移动,经过几个过渡队形最终变成另一个队形。例如,6人列"八"字形站位,经过4次过渡队形最后变成4—2队形(图5-6)。

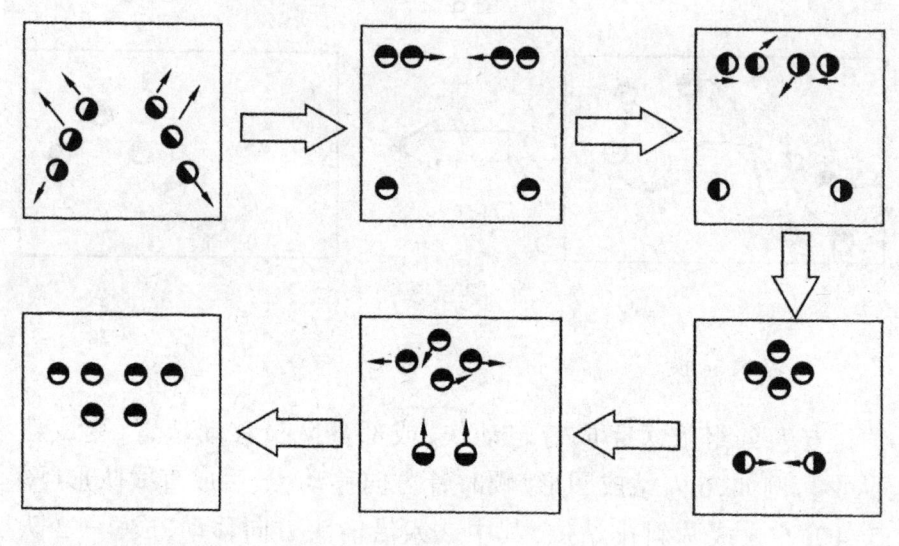

图 5-6

为了更好地对大学生的健美操创编能力进行培养,促进大学生创编兴趣和积极性的提升,对大学生的创编潜能进行挖掘,使大学生充分发挥自己的创造力和施展才华,健美操教师在教学中应多采用多媒体教具来吸引学生的注意力,使学生对健美操最新发展情况及科研成果有所了解,并对流行的健美操套路动作进行学习,这些能够给大学生创编健美操带来启发和灵感,使大学生积累丰富的创编素材,对新颖又实用的健美操进行创编。在大学生学习健美操创编的初级阶段,健美操教师要多启发学生,给予指导和帮助,并合理划分小组,使大学生以小组为单位共同完成创编任务,这也有助于培养大学生的合作能力和集体主义精神。而且集体创作有助于营造和谐的课堂氛围,也能增进学生友谊。各小组完成创编学习任务后,各创编小组分别表演自己的作品,在表演过程中,教师给予肯定和鼓励,并指出需要改进的地方和改进的方法。最后让各组学生评价其他组的创编和表演,使各组相互学习,相互借鉴,共同进步。

二、健美操成套动作创编示例——青年健身性健美操

(一)头部运动

1. 第一个八拍

(1)预备:两脚开立,两手叉腰。
(2)步伐:两脚开立,1~2拍,头前屈;3~4拍,还原;5~6拍,头后屈;7~8拍,还原。
(3)手臂:两手叉腰。
(4)手型:虎口向内。
(5)面向:1点。

2. 第二个八拍

(1)步伐:两脚开立,1~2拍,头左侧屈;3~4拍,还原;5~6拍,头右侧屈;7~8拍,还原。
(2)手臂:两手叉腰。
(3)手型:虎口向内。
(4)面向:1点。

3. 第三个八拍

(1)步伐:1~4拍,两脚开立,头微向左绕;5~8拍,两脚开立,头向右微绕。
(2)手臂:两手叉腰。
(3)手型:虎口向内。
(4)面向:1点。

4. 第四个八拍

同第三个八拍,头先向右微绕。

(二)肩部运动

1. 第一个八拍

(1)预备:两脚开立。

(2)步伐:1拍,左脚跟提起;2拍,还原;3拍,右脚跟提起;4拍,还原;5~8拍,同1~4拍。

(3)手臂:手臂下垂。1、5拍,左肩上提;3、7拍,右肩上提。

(4)手型:五指并拢。

(5)面向:1点。

2. 第二个八拍

同第一个八拍。

3. 第三、四个八拍

同第一、二个八拍,方向相反。

(三)体侧运动

1. 第一个八拍

(1)预备:两脚开立。

(2)步伐:两脚开立,1~2拍,上体向左侧屈;3~4拍,还原;5~8拍,两脚开立,同1~4拍。

(3)手臂:两手交叉上举。

(4)手型:自然弯屈。

(5)面向:1点。

2. 第二个八拍

同第一个八拍。

3. 第三个八拍

同第一个八拍,方向相反。

4. 第四个八拍

(1)步伐:1拍,脚尖内收;2拍,脚跟内收;3~4拍,同1~2拍;5~8拍,同1~4拍。

(2)手臂:自然下垂。

(3)手型:五指并拢。

(4)面向:1点。

(四)前走点地

1. 第一个八拍

(1)步伐:1~4拍,左腿开始向前走4步;5~6拍,左腿开始step touch;7~8拍,同5~6拍,方向相反。

(2)手臂:1~4拍,自然摆臂;5拍,7拍,直臂前伸;6拍,8拍,手臂还原。

(3)手型:1~4拍,自然握拳;5、7拍,掌心向下,五指分开。

(4)面向:1点。

2. 第二个八拍

1~4拍,左腿开始向后退4步;5~8拍,同第一个八拍。

3. 第三、四个八拍

同第一、二个八拍。

（五）step touch

1. 第一个八拍

（1）步伐：1~2拍，左脚开始step touch；3~4拍，同1~2拍；5~8拍，同1~4拍，方向相反。

（2）手臂：1~2拍，两臂胸前平屈经体前向下至体侧；3~4拍，同1~2；5~8拍，同1~4拍。

（3）手型：握拳，拳心向下。

（4）面向：1点。

2. 第二、三、四个八拍

同第一个八拍。

（六）v字步+侧点

1. 第一个八拍

（1）步伐：1~4拍，左脚开始v字步；5拍，左脚侧点地；6拍，收左脚；7~8拍，同5~6拍，方向相反。

（2）手臂：1~4拍，两臂由胸前交叉打开至体侧；5拍、7拍，两臂由腹前交叉打开至体侧斜下45°；6拍，两臂腹前交叉；8拍，还原。

（3）手型：1~4拍，五指分开；掌心向下；5~8拍，五指并拢，掌心向后。

（4）面向：1点。

2. 第二、三、四个八拍

同第一个八拍。

(七)交叉步+半蹲

1. 第一个八拍

（1）步伐：1~4拍，左脚开始侧交叉步；5~6拍，左脚向侧呈半蹲；7~8拍，左脚收回。

（2）手臂：1~4拍，两手叉腰；5~6拍，臂胸前平屈向外绕两圈；7~8拍，左脚收回，同时胸前击掌2次。

（3）手型：1~4拍，虎口向内；5~6拍，握拳，拳心向下。

（4）面向：1点。

2. 第二个八拍

同第一个八拍，方向相反。

3. 第三、四个八拍

同第一、二个八拍。

(八)跳跃运动

1. 第一个八拍

（1）步伐：1~4拍，前跑4步；5~8拍，开合跳两次。

（2）手臂：1~4拍，屈臂向前推；5~6拍，手臂打开至侧上举，然后收至胸前交叉；7~8拍，同5~6拍。

（3）手型：1~4拍，十指弯屈；5、7拍，五指分开；6拍，握拳，拳心向内。

（4）面向：1点。

2. 第二个八拍

同第一个八拍，方向为向后跑。

3. 第三、四个八拍

同第一、二个八拍。

(九)点跳

1. 第一个八拍

(1)步伐:1~2拍,左脚开始向左前方点跳一次;3~4拍,同1~2拍,方向相反;5~8拍,同1~4拍。

(2)手臂:1~2拍,手臂经胸前交叉向后摆动;3~4拍,同1~2拍;5~8拍,同1~4拍。

(3)手型:握拳。

(4)面向:1点。

2. 第二个八拍

同第一个八拍,但左脚开始向后点跳。

3. 第三、四个八拍

同第一、二个八拍。

(十)step touch

1. 第一个八拍

(1)步伐:1~2拍,左脚开始step touch;3~4拍,与1~2拍相反;5~8拍,同1~4拍。

(2)手臂:1~2拍,两臂前伸,然后收于腰间;3~4拍,同1~2拍,5~8拍,同1~4拍。

(3)手型:1拍,拳心向下;2拍,握拳;3~4拍,同1~2拍;5~8拍,同1~4拍。

(4)面向:1点。

2. 第二个八拍

（1）步伐：原地踏步。

（2）手臂：1~4拍，手臂由体侧至斜上举；5~8拍，还原。

（3）手型：1~4拍，五指并拢，掌心向下；5~8拍，五指并拢，两臂自然下垂。

（4）面向：1点。

第六章 大学生健美操创新意识与能力的培育

在健美操教学体系中,学生创新意识与能力的培育也是非常重要的一个方面,在传统教育背景下,这一方面受到忽视。而在创新教育背景下,在平时的健美操教学中,要将大学生创新意识与创新能力的培育放在非常突出的位置,这对于学生全面素质的发展和提高具有重要的意义。

第一节 培养大学生的创新教育理念

一、创新教育的概念与内涵

(一)创新教育的概念

在以往,受我国传统教育思想的影响,教师在教学中占据着绝对地位,学生主体地位的体现不是很明显。虽然这种教学方式也能取得一定的教学效果,但在整个教学过程中,学生的主观思维受到一定程度的抑制,教学活动也缺乏趣味性,学生的学习效率大大降低,这对于教学质量的进一步提升是十分不利的。为改变这一状况,就必须要扭转旧有的教育思想和理念,重视学生的主体地位,多开展自主性教学,彻底激发学生学习的活力,大大提升学习的效率。[①] 注重学生主体性的发挥,营造轻松愉快、富有趣

---

① 杨浩.创新教育在高校健美操教学中的实践[J].当代体育科技,2019,9(35):71+73.

味性的教学环境,采用创新的教学模式与方法就是我们通常所说的创新教育。在新的时代背景下,加强创新教育对于学校体育教育具有非常重要的意义。

关于创新教育的概念,诸多专家及学者都有自己的见解。概括与总结这些专家的见解,可以将创新教育的概念定义为:创新教育就是指依据人的个性发展,通过教育过程,以启发诱导的教育方式为手段,以激发和开拓人的创新意识为核心,以提高人的创新精神、创新能力为重点,以提高人的整体素质为目的,全面落实创新人才的培养目标。

(二)创新教育的内涵

关于创新教育的内涵,可以从以下几个方面得到体现。

1. 创新教育属于一种现代教育思想和教育理念

与传统的教育理念相比,创新教育属于一种全新的现代教育思想,它主要以培养人的创新意识与能力为主要目的,对于人的创新能力的提高具有重要的促进作用。受教育思想的影响,学生在学习目标、学习目的等方面也存在着一定的差异。因此说,传统教育与创新教育之间有着重大的差距。二者的区别主要在于:第一,传统教育的培养目标是帮助学生学习与掌握基本的知识;而创新教育不仅要求学生掌握知识,还要求学生具备良好的创新意识与创新能力。第二,传统教育思想强调教师的主体地位,注重教师教学过程中知识的传授与灌输;而创新教育强调"启发"与引导,引导学生自觉主动地去学习。与传统的教育思想相比,创新教育具有明显的先进性,它符合现代社会发展以及学校教育发展的潮流,代表着时代的进步。

2. 创新教育的本质是突破传统、革新与发展

新思想的出现就是对旧思想的扬弃,创新教育这一理念也是如此,但需要注意的是,创新教育思想并不是完全否定传统教育。

创新也离不开传统,离开了传统,创新就失去了必要的根基。因此,创新教育理念的发展要以传统教育的坚实性为重要基础,其本质是突破传统,革新旧思想,运用新的符合时代发展的理念去推动学校教育的发展。

3. 创新教育是一种新的教育原则

总的来看,创新教育可以说是一种新的教育原则。这一原则体系主要包括直观性原则、循序渐进原则、教育性原则、活动性原则等多个方面。伴随着时代的不断发展,世界各国的教育家对学校教育教学原则进行了大量的研究,提出了符合现代教育要求的一些新的教育原则,这些原则与创新教育的理念不谋而合。创新教育要求以学生为中心,以培养学生的创新精神和创新能力为主,强调学生的全面素质的发展和提高。

4. 创新教育是教育教学改革的实践

创新教育属于一种实践活动的创新教育,主要指学校为培养学生的创新精神与创新能力在教育教学方面的具体安排和策略。在新的时代背景下,这一创新教育不仅要充分贯彻于教学活动之中,而且在课余体育锻炼、社会实践等方面得以体现。只有如此,学生的创新意识与能力才能得到迅速而有效的提升。任何事物的发展都离不开社会实践,创新教育的发展也同样如此。创新教育属于一项系统工程,需要社会各方面各系统的密切配合,需要课堂教学与科技实践的相互推进,因此说创新教育是一系列教育教学改革的实践活动。这是创新教育的一个十分重要的内涵。

二、创新教育理念对健美操教学的要求

(一)健美操教师方面

1. 挖掘与培养学生潜能

在健美操教学中,除了带领学生学习与掌握健美操知识与技

第六章　大学生健美操创新意识与能力的培育

能外,体育教师还要重视学生潜能的挖掘与开发,挖掘与培养学生的创新潜能,有助于创新型人才的培养。一般情况下,潜能的大小与学生的成绩没有必然的联系,不仅成绩好的学生有创造潜能,成绩差的学生也有,只是有待挖掘,因此,体育教师要在平时的健美操教学中注意挖掘与培养学生在健美操或者其他方面的潜能,这是创新教育的基本要求。

2.培养学生的创新思维能力

每一名学生都有自身不同的个性,各项素质也都存在着一定的差异。作为健美操教师,在具体的教学中要充分了解与尊重学生的不同个性,对其进行有针对性的教育。对于那些对健美操有着强烈兴趣的学生,教师要对其进行重点引导与培养,在课堂上要善于引导学生开动脑筋,发散思维,鼓励其创新。有些学生的想法看似"稀奇古怪",实则有其自己的逻辑和态度,教师不能主观否定,要多鼓励,多引导,并主动要求学生在课堂上提出质疑,培养学生的创造性思维能力,这也是创新教育的一个十分重要的要求。

(二)学生方面

1.要求学生要树立正确的创新价值观

(1)正确认识创新的内涵

在平时的健美操教学中,体育教师要引导学生正确认识与理解创新的内涵,培养学生的创新意识与能力。需要注意的是,创新的成果并非都是影响力巨大的,创新可能存在于很小的事物中,学生学习健美操,可通过采取新的方法来解决学习中的问题,或用不同的方式表现一个技术动作,这都属于创新的内容。体育教师要引导学生建立这样一种观念。

(2)学习创新的典型

在平时的生活中,有很多创新的典型案例,教师要善于引导学生发现这些典型的案例,主动学习,激发自己的创新思维,使自己的创新意识和创新能力得到提高。学生在学习创新案例时,要避免一味的模仿,可以适当借鉴,把意识转化为行动,努力提升自己的创新能力。

2. 掌握学习方法并不断改进

在健美操教学中,学生不仅要学习健美操知识,掌握健美操技能,还要学习和掌握学习的手段与方法,这也是一种非常重要的能力,这一能力甚至比学生学习成绩的获得更加重要。在未来的体育教学中,教师的角色会变得更加丰富多元,除了要扮演好"传授者"这一基本角色,向学生传授体育知识与技能,还要善于启发学生的思维,引导学生创新,因此教师的角色在"传授者"的基础上又增加了两个新角色,即"引导者""启发者"。教师角色发生变化的同时,学生的角色也发生了相应的变化,主要表现为突破传统的"接受者"角色,增加了新角色,如"思考者""筛选者"等。因为角色发生了变化,更加多元丰富,所以学生的学习方法也要打破陈旧,除了要运用好传统学习方法外,还要善于运用新的学习方法,如合作学习法、探究学习法、掌握学习法等。学生采取多元学习方法掌握丰富的知识后,如果教师传授的知识存在不合理性,则学生更有信心提出质疑。学生除了质疑教师外,也要善于自我反省,发现自己的问题,然后主动改进,不断充实与提升自己。健美操还可以在教学过程中创设各种问题情境,引导学生积极思考,用各种创新的手段与方法去解决问题,在解决问题的过程中,学生的创新能力得到了进一步的提高。

在健美操教学中,大学生创新意识与能力的培养不可能是一帆风顺的,总会受到一定的挫折,因此,健美操教师要从中给予必要的引导,给予学生必要的帮助。学生在犯错误后要改进和运用各种手段与方法去不断地探索,走上创新与发展的正确的道路。

（三）教学手段与方法方面

伴随着学校教育的不断发展，各种创新的教学手段与教学方法大量涌现出来，促进着教学质量的发展和提高。而在创新教育思想中，创新的教学手段与方法是在一般教学方法的基础上实现的，因此，两者之间既有一致性，又有其特殊性。鉴于此，要求体育教师要以系统的理论为指导，在具体的健美操教学中，以时代发展需求为依据，大力开展创新教育思想的培育，引导学生不断提升自身的创新素质，这对于健美操教学质量的提高具有十分重要的意义。

三、健美操教学中大学生创新教育理念的培养

在健美操教学中，加强大学生创新教育的培养，提升大学生的创新意识与能力是尤为必要的。我们可以从以下方面对大学生展开创新教育的培养。

（一）营造富有趣味性的教学环境

在平时的健美操教学中，体育教师要引导学生贯彻与实施创新实践的理念，创造一个富有趣味性的教学环境，充满生机活力的环境有利于学生创造性思维的发挥。大量的实践表明，教学环境的创新对于学生创新意识与能力的培养具有十分重要的意义。为营造一个良好的教学环境，必须要进一步改革以往落后的教学形式，给予每一位学生参与各种活动的机会，鼓励学生的创新行为，开展各种形式的趣味性教学活动，在这样愉快的教学环境下，学生的创新意识能够得到有效的激发，无形之中培养了自己的创新思维与能力。

（二）积极运用合作学习的教学模式

在传统的教育背景下，健美操教学基本采取的是教师示范、

学生模仿练习的形式,在教学活动中,师生间的互动不够多,学生学习健美操的兴趣受到一定程度的打击。为改变这一现状,就可以多采取合作学习的模式,增强师生、生生之间的关系,形成良好的互动,营造一个浓厚的学习氛围。在这样的教学环境下,学生能积极主动地参与健美操习练,促进各方面的发展与提升。具体而言,健美操教学可以采用分组教学的形式,依据学生的特点与实际做好分组,以新型教学模式为指导,对学生提出新的学习要求,帮助学生迅速而有效地掌握健美操知识与技能。同时,在这样的教学环境下,学生的创新思维与能力也能得到有效的提升。

(三)完善与革新健美操教学内容

为培养和提高学生学习健美操的兴趣,体育教师可以结合学生的特点与学校实际完善与革新健美操教学内容,只有挖掘与开发出富有趣味性的教学内容,才能激发学生学习健美操的兴趣,从而使其积极主动地参与到健美操习练之中。目前,我国很多高校在健美操教学内容的设计方面都比较欠缺,教学模式也比较单一,难以引起学生学习的兴趣,因此,革新健美操教学内容是一个十分重要的途径,通过这一途径也能培养和提高学生的创新精神,促进健美操教学质量的提高,同时也能促进学生的全面发展。

第二节 促进大学生健美操创新意识与能力提升的策略

在现代教育背景下,加强学生创新意识与能力的培养和提高具有十分重要的意义和作用。因此,作为一名健美操教师,在平时的教学中要不遗余力地采取各种手段与策略加强学生创新意识与能力的培养。大学生健美操创新意识与能力的培养可以采取以下策略。

第六章 大学生健美操创新意识与能力的培育

一、创造和谐的师生关系,营造民主气氛

在健美操教学中,构建一种良好的、和谐的师生关系是非常重要的,只有如此才能形成良好的教学氛围。师生之间才能形成良好的互动与交流,形成良好的创新氛围,在这样的情况下,才能充分激发学生创新的动力,做出各种创新行为。因此,在具体的健美操教学中,体育教师必须要着力于构建和谐的师生关系,[①]营造出和谐民主的学习氛围。在这样的教学氛围下,有利于学生创新意识与能力的培养。为构建良好的师生关系,可以采取以下手段与方法。

第一,在教学过程中,教师要给予学生充分的尊重。健美操教学项目的设置要依据学生的特点和学习能力进行。

第二,体育教师要明确与学生是亦师亦友的关系,本着帮助学生发展的原则组织与开展健美操教学活动。

第三,体育教师要本着公平公正的原则促使学生积极参与到健美操锻炼之中,促进每一名学生的发展。

第四,在具体的健美操教学中,体育教师要引导和鼓励学生善于表达自己的想法,给予学生想象的空间,为学生发散思维的培养创造良好的条件。

第五,学生表达自己的看法时,无论对与错,教师都要耐心地聆听并给出必要的评价,增强学生的自信心。

总之,通过以上手段的利用,能够营造一种宽松民主的学习氛围,能有效激发学生创新的意识与行为,为学生创新能力的发展与提高创造良好的条件。

---

① 高丽.健美操教学中培养学生创新能力的探究[J].当代体育科技,2014,4(34):70+72.

二、运用现代技术手段,营造良好的创新型课堂氛围

为营造一个良好的教学氛围,体育教师必须要在教学过程中学会运用各种教学手段与方法。伴随着现代科学技术的不断发展,如今已进入信息化社会。在这样的时代背景下,大量的信息化教学手段在体育教学中得到了一定的运用,取得了不错的教学效果。因此,运用如今创新的技术手段组织与开展健美操教学活动是尤为必要的。在具体的健美操教学中,体育教师应保持热情、亲和、有涵养的形象,认真对待和解答每一名学生提出的问题。与学生展开讨论与交流,从而营造一个欢快、和谐的课堂氛围,促进师生间的共同发展。在今后的健美操教学中,体育教师要积极引入各种现代化的科技手段,如:使用PPT教学,增加知识的直观性;用节拍器来调节游戏节奏;用感应器使学生感知动作幅度;用明暗灯和彩灯灵活地调节动作的设计等。[①] 通过利用这些技术手段,引导学生积极主动地参与到健美操教学活动中,从而形成良好的教学氛围。

三、激发学生学习动机,培养创新意识

要想培养与提升学生的创新能力,首先就要激发学生的学习动机,这是非常重要的一方面。实际上,人的任何活动都是在一定动机的驱使下进行的,这是创新意识与能力提升的关键所在。表现在健美操教学中,就是要采取各种手段与措施激发学生的创新意识,形成正确的创新动机,在良好的动机之下,才有利于开展各种创新活动。

大学生正处于青春发育期的末期,他们对新鲜事物一般都比较感兴趣,因此,体育教师可以充分利用他们的这一个性,变换各

[①] 宋佳泽.在健美操教学中培养学生创新能力[J].当代体育科技,2013,3(33):114+116.

种教学模式与方法,激发学生学习健美操的兴趣。在指导学生学习与掌握健美操技术的同时,鼓励学生对健美操音乐、动作编排的思考,鼓励学生自行编排健美操音乐和动作,这对于其创新意识与能力的提高具有重要的作用。

四、利用竞赛教学,激发和检验学生的创新能力

在具体的健美操教学中,体育教师还可以多采用竞赛教学法的形式组织教学活动。这一教学模式主要以合作小组的形式进行。学生可以以小组为单位,自由地选择健美操动作,然后将这些动作通过小组成员的合作编成成串的动作。小组在进行动作的表演后,教师要根据其表现打分,并进行详细的评价。如果学生健美操的创编中涵盖动作创新、编排创新等内容,可以给予适当的奖励。对在这些方面有创新表现的小组,要给予适当的加分。这种打分机制通常能很好地激发学生的竞争意识,从而引导学生积极投入到健美操的创新活动中,进而提升自身的创新意识与能力。

第三节 健美操教学模式的创新

一、常见的教学模式及其在健美操教学中的应用

(一)成功式体育教学模式

在体育教学中,充分利用个体的成就动机展开教学活动,充分激发学生学习的积极性,促进学生学习水平提高的教学模式就是成功式体育教学模式。这一教学模式应用于健美操教学中也能取得不错的教学效果,因此受到体育教师的重视。

成功式体育教学模式充分遵循了"以人为本"的教学理念,非常重视学生主体作用的发挥,要求学生通过自己的努力完成学习目标,实现教学任务,在这一教学模式的应用下,学生的自信心和学习能力都得到了很大的提升,这对于学生创新意识与能力的发展具有十分重要的意义。

1. 指导思想

(1)重视学生主体作用的发挥。
(2)为学生创造和谐稳定的健美操教学环境。
(3)采用相对评价与绝对评价结合的方式进行健美操教学的评价。
(4)注重学生教学过程中的学习态度与情意表现,采用过程性评价与终结性评价结合的方式进行评价。

2. 优缺点

(1)优点

第一,在这一教学模式下,学生能正确地认识自己,有利于学生在学习中发扬"艰苦奋斗"的精神,尽快地完成学习任务。

第二,这一教学模式非常重视学生的亲身体会和学习体验,能极大地促进学生自我学习能力的提升。

(2)缺点

这一教学模式要求体育教师必须具备出色的教学组织能力,教学内容和方法的选择具有一定的难度,再加上不同学生的学习能力不同,教学目标难确定,过高或过低的教学目标都不利于取得理想的教学效果。

3. 注意事项

(1)在教学过程中可以采用分组教学的形式。
(2)学校必须要准备好充足的教学资源。
(3)体育教师必须要具备出色的教学组织能力,否则教学模式的运用效果就会大打折扣。

（二）小群体体育教学模式

在如今的健美操教学中，小群体教学模式也运用得比较广泛。这一教学模式是指在体育教师的指导下，把学生分成若干个学习小组，同组学生之间通过互动、互助、互争的体育学习，以实现既定的教学目标和任务。

1. 指导思想

（1）培养和提升学生的思想道德品质。
（2）培养提高学生的健美操技能与综合能力。
（3）培养学生的团队意识与集体主义精神。
（4）促进学生社会适应能力的提高。

2. 优缺点

（1）优点

在传统的教育理念下，学生的个性受到抑制，普遍采用教师示范、学生模仿练习的教学模式，这非常不利于学生的个性化发展。而小群体教学模式更加注重学生的主体性，强调一切教学活动的开展都要以学生为中心，强调在健美操教学中要激发学生学习的积极性，促进学生的个性化发展，促进学生创新意识与能力的培养和提高。

大量的事实表明，通过小群体教学模式的应用，学生的个性及集体意识都获得了不错的培养和发展。除此之外，学生与人交际的能力也得到了明显的提升。

可以说，小群体教学模式充分尊重了学生个性化发展的特点，在具体的教学中，学生个体的意见、能力、学习需要在小群体中也得到充分的尊重，同时，学生还能学会尊重他人，服从整体，自身综合素质得到了极大的提升。

（2）缺点

第一，这一教学模式需要体育教师投入大量的时间和精力进行教学实践,这会在一定程度上压缩学生的练习时间,在一定程度上影响健美操教学的质量。

第二,在健美操教学中,会存在一些不善表达的个人,这就可能导致个人观点在集体讨论中的被忽视和"失声"。针对这一部分学生,体育教师应给予其更多的关注和帮助。

3. 注意事项

(1)参加健美操教学活动的学生要具备良好的团结协作的能力。

(2)学校体育部门必须要事先准备充足的健美操器材和设备。

(3)体育教师要有出色的教学组织与管理能力,能组织与管理好整个健美操教学活动。

(三)主动性体育教学模式

主动性体育教学模式在当今的健美操教学中也得到了一定程度的利用。这一教学模式是指以"学生是体育教学的主体"理论指导,强调良好教学环境的创造,提高学生的学习主动性,促进教学从"要我学"向"我要学"转变的一种模式。这一教学模式与"以人为本"的教学理念不谋而合。

1. 指导思想

(1)重视学生主动参与健美操教学活动意识的培养。
(2)重视学生健美操创新意识与能力的培养。
(3)重视学生"学习能力"的培养。
(4)重视学生思想品德和职业素养的培养。

2. 优缺点

(1)优点

第一,强调学生的主体地位,能很好地培养学生的主体意识,提高学生学习的自主性,对于学生创新能力的提高具有重大的帮助。

第二，重视学生学习兴趣和学习能力的培养，同时在这一教学模式下，学生的终身体育意识也能得到有效的培养。

（2）缺点

在这一模式下，学生的学习要有较高的自觉性，同时还要求学生必须具备不错的运动基础，这样才便于健美操教学活动的开展。

3. 注意事项

（1）这一教学模式比较适合小班群体的教学。

（2）学生必须要主动提高自己学习的自觉性。

（3）对于那些技术动作比较复杂、难度较大的健美操动作最好不要采用这一模式。

（四）快乐体育教学模式

快乐教学模式在体育教学中较为常用，因此健美操教学中采用这一模式也是非常有帮助的。"快乐体育"的核心是"快乐"，强调体育教学中让学生体验运动快乐，从而促进体育教学质量的提高。

1. 指导思想

（1）注重学生身体素质与运动技巧的发展，主张在快乐中学习与提高。

（2）以兴趣为导向，主张采用多元化的教学方法，在快乐中学习与掌握健美操技能。

（3）强调教学过程中的勤学、乐学。

（4）主张"以人为本"的教学理念，促进学生的个性化发展。

2. 优缺点

（1）优点

①能为学生营造一个轻松愉悦的教学氛围，激发学生学习健美操的兴趣，提高学习效率。

②能帮助学生建立快乐体育、终身体育锻炼的理念,促进学生的全面发展。

③注重学生的个性化发展与全面发展。

④重视学生情感的培养,促进学生社会适应力的提高。

⑤在这一教学模式下,学生学习健美操不是一种任务和负担,而是一种爱好和追求。在这样的教学情境下,学生的学习效果能得到极大的提升。

（2）缺点

第一,健美操教学内容的选择一定要合理,要符合学生的个性化发展与学习实际,要能保证学生获得学习的乐趣。

第二,体育教师要具备良好的设计健美操教学方案的能力。

3. 注意事项

（1）这一教学模式适用于教学经验丰富的健美操教师,否则就难以实现应有的教学效果。

（2）对于那些难度较高的健美操教学内容尽量不要采用这一教学模式。

（3）这一教学模式适用于具有一定健美操运动基础的学生。

（4）学校体育部门需要事先准备好充足的健美操教学场地与设施、器材等。

（五）领会式体育教学模式

领会式教学模式主要是通过改造教学过程结构,让教学对象充分领会新的教程,改正教学中的缺陷和不足。这一教学模式非常注重学生运动技能的学习和培养,对于学生健美操运动技能的提升具有非常大的帮助。

1. 指导思想

（1）强调健美操教学过程中先尝试,后学习,注重学生的心理体验。

（2）注重学生健美操运动技能的培养和提高。
（3）强调培养学生自觉学习的意识与习惯。
（4）主张采用竞赛教学的方式提高学生的健美操运动技能。

2. 主要优缺点

（1）优点

第一，注重学生学习过程中的心理体验，能从中体会正确的技术动作。

第二，能有效激发学生学习的动机，提高健美操学习的效率。

（2）缺点

第一，学生必须要深刻理解健美操的内涵与价值等方面。

第二，学生进入教学活动的角色较慢，教师需要耐心引导。

3. 注意事项

（1）在健美操教学活动开展前，学生要事先做好充分的心理准备。

（2）体育教师在教学中要善于引导和启发学生。

二、健美操教学模式的创新对策

在影响健美操教学质量提高的各项要素中，教学模式起着极为关键的作用。可以说，只有建立和形成了良好的教学模式体系，健美操教学质量才能得到有效的提高。为促进健美操教学质量的进一步提升，教学模式的发展还需要与时俱进地进行改革与创新，以适应不断发展着的健美操教学需求。为促进健美操教学模式的改革与创新，我们可以采取以下几个方面的策略。

（一）促进学生综合素质的发展和提高

大量的实践表明，健美操教学具有丰富的价值，如增强学生身体素质，提升学生心理水平，丰富学生体育理论知识，提高学生运动技能等都是其中非常重要的价值。以上几种素质也是当今素质教育的重要内容和要求。因此,学生在学习健美操的过程中要注重自身各方面素质的发展。在构建与创新健美操教学模式的过程中,也要十分重视学生以上综合能力的培养,这是值得重视的一方面。

(二)注重设计及利用先进的网络技术

健美操教学模式的创新并不是一件容易的事情,需要设计人员具备扎实的知识体系和高超的设计能力。健美操教学设计涵盖各方面的因素,如学校、学生、社会需求等都是其中重要的内容。在设计的过程中,要充分利用学校丰富的资源优势,为创造出良好的教学模式提供可靠的保障。

在当今信息化社会,各种先进的网络技术在社会各个领域都得到了广泛的利用,在体育教学中也是如此。通过网络技术的利用,健美操教师极大地提升了自身的教学能力,学生也从中获得了发展和进步。通过各种网络技术的利用,也能创新出符合现代教育要求的健美操教学模式,这对于健美操教学质量的提升具有十分重要的意义和作用。

(三)注重健美操教学模式实施效果的评价

体育教师要依据学生的特点、运动基础和具体的教学实际等设计出合理的教学模式。可以说,教学模式的设计在健美操教学中具有十分重要的地位。需要注意的是,健美操教师还要重视对教学模式的评价,因为只有通过评价,通过各种反馈信息,才能评测出教学模式的效果,根据这些反馈信息不断优化与改善教学模式。为保证健美操教学评价的效果,健美操教师还要依据具体的教学设计出合适的评价目标。通过教学模式效果的评价能为教学模式的创新与发展奠定良好的基础和保障。因此,注重健美操教学模式的评价也是健美操教学模式创新的一个重要手段。

(四)坚持健美操教学模式借鉴与创新的结合

健美操教学模式的创新并不是一件容易的事情,在创新的过程中,体育教师要将借鉴与创新结合起来进行,如此才能设计出先进的教学模式。健美操教学模式的借鉴与创新是指,体育教师应加强理论知识的学习,研究体育教学模式的发展动态,积极借鉴与吸收国内外的先进教学模式的经验,取他人之长为自己所用,这样才能创新出符合健美操教学需求的教学模式。

(五)加强健美操教学模式的信息化建设

在信息化技术广泛利用的今天,加强健美操教学模式的信息化建设也是一个非常重要的举措。要想搞好健美操教学模式的信息化建设可以从以下方面进行。

(1)各高校充分利用网路技术建立一个教学资源共享平台,实现健美操资源的共享,这能为健美操教学模式的借鉴与创新创造良好的条件。

(2)充分利用各种多媒体手段,为健美操教学模式的创新提供必要的技术支持。

(3)构建一个健全和完善的选课信息平台,为学生学习健美操提供便利。

三、创新的健美操教学模式的应用

伴随着学校教育以及现代社会的不断发展,多种创新的教学模式在健美操教学中得到了充分的运用。下面就重点阐述几种创新的健美操教学模式。

(一)多媒体教学模式

当今社会是一个信息化社会,各种信息化技术在社会各个领域都得到了广泛的应用。在这样的时代背景下,数字化多媒体系统集成应用为主是多媒体教学的新发展趋势。

多媒体教学开展的场所主要是多媒体教室,多媒体教室主要由多媒体计算机、多媒体液晶投影仪、数字视频展示台、中央控制系统、投影屏幕、音响设备等多种现代教学设备组成。通过这些多媒体技术和设备的支持,可以在演示型多媒体教室完成多媒体教学、专题演讲、报告会、学术交流、演示及娱乐等多种教学活动。

在健美操教学中,多媒体手段主要运用于健美操理论教学之中,应重点做好以下两个方面的工作。

一方面,要建立一个完整的多媒体教学系统,通过录像、图片、flash等的引入,合理使用各种教学媒体,实现各教学媒体作用的最大化,吸引学生加入到健美操教学活动之中。

另一方面,借助多媒体,建立一个多方面合作与发展的校园网,为学生了解健美操知识与信息提供更多的便利和空间,这对于学生健美操理论知识结构的完善具有非常重要的作用。

(二)移动网络教学模式

目前,常用的移动网络教学模式主要有以下三种,在健美操教学中可以合理地选择与使用。

1.基于手机短信的移动教学模式

发展到现在,手机已成为一个重要的信息交流工具,成为人们日常生活的必需品,可以说干任何事情都离不开手机的参与。

在新的时代背景下,将手机通讯引入教学是移动信息技术在教学领域的大胆创新应用,具体教学操作形式为,教师发布教学通知及相关内容,学生对学习情况的反馈与教师的再反馈(师生互动),在线测评与信息查询。

基于手机短信的教学活动的开展对信息技术的应用要求比较简单,只需要一个具有短信收发功能的移动终端就可以实现。这一教学模式适用于假期或者学生课余运动锻炼,通过手机的利用,师生之间能够加强及时的沟通与交流,教师掌握学生的发展

第六章 大学生健美操创新意识与能力的培育

动态,利于健美操教学活动的开展。

2. 基于 App 的移动教学模式

发展到现在,各种社交 App 得到了广泛的应用,促进了人与人之间的信息交流。在体育教学中,我们可以依托社交 App 开展体育教学组织与交流活动,为学生的学习提供更多的便利。

以微信在教学中的应用为例。新出现的微信公众平台就是一种很好的方式和手段。在微信平台上,所有学生和教师在一个公共群内,借助新课程模式,教师使用微信向每一位学生推送健美操课程资源,学生可以随时、反复学习,师生之间的交流更加紧密和频繁,这非常有利于健美操教学质量的提高。

3. 基于校园网的准移动教学模式

校园网是基于互联网应用,集相关软件与硬件于一体的为学校提供教育教学服务、科研与教学管理的计算机局域网络系统。发展到现在,大部分的学校都建立了自己的校园网络,除了学校建设的校园网教学系统,还有学生自发创建的校园网络交流的贴吧和个体与俱乐部自己的网站。这些网络平台都为学生的课余锻炼提供了良好的手段与途径。

在如今信息化技术高度发展的背景下,体育教师可以充分利用网络技术手段开展健美操教学,作为一名合格的体育教师,应熟悉校园网的进入、板块、交互、推出技术,并结合校园网站所提供的网络教学环境特点、学生特点、教学目标来有针对性地设计教学模式板块,这是一个不错的尝试。尤其是在当今新冠肺炎流行的特殊时期,网络教学手段的利用就显得更为重要。

(三)结构—定向教学模式

1. 模式解析

结构—定向教学模式是"结构—定向"教学理论形成与发展

的产物,这一教学模式主要包括结构化教学与定向化教学两个部分。

(1)结构化教学

结构化教学是指为促进学生发生预期变化及促进学生心理发展的教学,其要求将"构建学生的心理结构"作为教学的中心。

(2)定向化教学

在具体的健美操教学中,学生的心理结构在一定程度上影响着健美操教学的效果。作为一名合格的体育教师,要依据学生的心理结构形成规律、特点而开展定向教学工作,这有利于健美操教学质量的提高。

2. 应用流程

利用"结构—定向"教学模式进行健美操教学需要注意以下几个方面的要求。

(1)设计合理的健美操教学目标并进行适当的分析与调整。

(2)确定健美操的动作定向,创设良好的学习情境。

(3)采用小组教学的形式组织教学活动。

(4)注重多种反馈方式的运用。

(5)强化练习设计。

需要注意的是,结构—定向这一教学模式非常注重学生的个性与心理的发展,因此,健美操教师在具体的教学实践中要时刻注意学生的学习态度与情意表现。

第四节　健美操教学方法的创新

一、常见的教学方法在健美操教学中的应用

(一)语言法

1. 讲解法

讲解法就是指体育教师通过运用合理的语言向学生讲解基本的技术动作要领、方法和规则,指导学生积极学习和掌握技术动作的一种方法。在健美操教学中,讲解法主要应用于健美操理论知识与技术动作的讲解。

在具体的健美操教学中,讲解法的运用需要注意以下几个方面的要求。

第一,明确讲解健美操理论与技术动作的主要目的。
第二,保证讲解的健美操内容一定要正确无误。
第三,运用合理的语言进行讲解,讲解要生动形象。
第四,合理把握讲解的时机。
第五,讲解过程中要时刻观察学生的表情变化和情意表现。

2. 口令与指示

口令与指示法是指体育教师借助多种口令和指示组织教学活动的一种语言教学法,这一种教学方法充分应用于健美操的技术动作教学中。

口令和指示法的运用需要注意以下两个方面的要求。

一方面,在具体的健美操教学中,体育教师要合理把握指示的时机,掌握恰当的节奏,保证教学活动的顺利进行。

另一方面,体育教师的口令要简单明晰,发音要洪亮有力。

（二）直观法

直观法也是一种重要的语言教学法，在体育教学中这一教学方法得到了广泛的运用。

1. 动作示范

在健美操教学中，动作示范法必不可少，通过这一教学方法，学生能充分了解技术动作的形象、结构和要领，从而为健美操技术的掌握奠定良好的基础。

动作示范方法的利用需要注意以下几个方面的要求。

第一，在上课之前，健美操教师一定要明确示范的目的和任务。

第二，健美操教师示范的动作要正确和规范，避免对学生的学习造成误导。

第三，要注意示范的角度和难度，一切以有利于学生的学习为中心。

2. 直观教具与模型演示

直观教具与模型演示法也是一种重要的直观教学法，对于一些难度较大的健美操技术动作，可以采用这一教学方法。如图表、照片和模型等都是其中常用的教具，通过这些教具的使用往往能取得不错的教学效果。

（三）完整法与分解法

1. 完整法

完整教学法，就是从动作的整体上出发进行教学和练习的一种教学方法。在健美操教学中，运用完整法需要注意以下几点。

（1）仔细分析健美操技术动作要素，保证技术动作完成的顺畅性。

（2）对于那些技术难度较大的动作，可以结合学生的运动基础和实际水平适当降低动作的难度。

（3）结合学生的具体实际，借助外力条件完成完整的技术动作。

2. 分解法

分解法是指将完整的动作划分为几个部分，逐步使学生掌握完整的动作技术。这一教学方法与完整法是相反的，通常应用于技术动作难度较大或者不易于分解的技术动作教学中。

在健美操教学中，分解法的应用需要注意以下几点。

（1）深入细致地分析健美操技术动作的特点与要求。

（2）注重时间、空间等方面的有序性和统一性。

（3）关注健美操教学各个环节之间的联系。

（4）加强健美操动作教学中各个环节之间动作的衔接。

（5）分解法和完整法不能分割，结合起来使用能取得更好的教学效果。

（四）程序教学法

通常情况下，程序教学法常用于健美操的难度技术动作教学中，通过这一教学方法的运用，学生能按部就班地参加健美操教学，实现既定的教学目标。在健美操教学实践中，程序教学法的设计步骤如下所述。

第一步：体育教师首先要求学生按照预先设计好的小步子来学习，教师及时对其进行评价，并反馈学习结果。

第二步：学生根据自己的学习结果展开学习，在达到了一定的标准后就可以进入下一步学习；否则需要重新学习直到达到既定的标准。这一种教学方法遵循了技能发展的基本规律，能有效提高学生的学习效率，从而促进健美操教学质量的提高。

（五）游戏法

游戏法，就是通过游戏的方式来完成相应的教学任务的方法。这一教学方法具有较大的趣味性,能有效激发学生学习的兴趣,因此在健美操教学中得到了充分的利用。

需要注意的是,体育教师在健美操教学中,运用这一方法时需要注意以下几个方面的要求。

第一,体育教师要依据具体实际情况确定游戏规则和游戏要求。

第二,在游戏过程中,所有的学生都必须遵守既定的游戏规则,破坏规则就要受到一定的惩罚。

第三,在游戏的过程中,体育教师要一视同仁,对游戏活动进行公正、客观的评判。

(六)竞赛法

竞赛法是组织学生进行比赛的一种教学方法,这一方法的主要目的在于提高学生的技术水平,另外对于学生心理素质的提高也具有重要的帮助。

体育教师在应用竞赛法进行健美操教学时需要注意以下几点。

第一,体育教师要具备出色的组织与管理比赛的能力,依据学生的实际情况做好合理的分组。

第二,学生要能够熟练掌握和运用自己的技术,提高技术水平。

第三,要保证比赛中的安全。

二、健美操教学方法创新的对策

(一)重视教学方法观念的创新

在健美操教学活动开展的过程中,体育教师要确立以学生为中心安排各个教学环节,教学方法的设计与安排同样要以健美操这一运动项目的特点及学生的特征、需求为依据进行,选择的教学方法要能促进学生的全面发展。

在健美操教学过程中,体育教师首先要明确要教的内容和通过实施这些内容要达到的目的,然后根据内容的特点、学生的特点以及要达到的目标来对教学过程进行安排,合理设计每个教学环节,在各环节将相对应的恰当的教学方法予以实施,保证各个环节教学工作都能有序开展,且都能取得好的效果。在整个教学过程中教师会创设一些教学情境,不同的教学法适用于不同的情境,教师要明确哪些是主要教学法,哪些是辅助性的教学法,将二者充分结合起来,以取得理想的教学效果。

另外,体育教师还要结合现代社会发展的趋势,及时转变教育观念,加强教学方法的改革与创新。如充分考虑各种科技因素,落实现代化教学方法,只有不断创新,不断为教学方法添加新鲜因素,才能提升学生的学习积极性,取得理想的健美操教学效果。

(二)扩展与改进教学方法

在健美操教学中,影响教学方法实施效果的因素是多方面的,如健美操场地、健美操器材及其他教学资源等都会对健美操教学方法的实施效果起到重要的影响。为实现良好的健美操教学效果,我们可以不断地扩展与改进教学方法,这也属于教学方法的一个创新策略。要实现健美操教学方法的扩展与改进,就要在教学组织形式上下功夫,优化改革健美操教学组织形式,如突破传统的按人数平均划分学习小组的分组方法,将学生的兴趣爱好、学习水平、健美操运动基础等作为分组的主要依据,扩展教学组织形式,使所有的学生都能提高自己的健美操运动水平。

健美操教学方法的改进也可以说属于一种创新,指的是在原来的旧方法基础上增加新的因素,创造新的教学方法,这对于健美操教学活动的顺利开展是非常有利的。除了改进教学方法外,还要加强对教学工具的改良,引进先进的教学手段,如此能快速有效地实现健美操教学目标。

(三)重视新的教学技术的应用

如今,科学技术在社会各个领域都得到了广泛的利用,学校教育的发展同样离不开先进科技的推动。因此,在健美操教学中,还要重视新的科学技术的利用。当前,先进科学技术在教育领域的应用非常普遍,科技推动教育发展的实效有目共睹,因此要继续发挥科技的优势,继续利用科技手段来提高与完善教育技术,促进健美操教学质量的提高。在当前信息化背景下,多媒体技术得到了广泛的利用,在健美操教学中,体育教师可以多引进学生喜闻乐见的多媒体手段,充分激发学生学习健美操的兴趣,提高其主动学习的意识与能力,这对于健美操教学质量的提高具有重要的意义。

第七章 大学生健美操核心素养之体能训练

体能,是人们参与所有运动的重要前提条件,是处于重要的基础性地位的。可以说,没有一定的体能基础,是无法参与到体育运动锻炼中的。对于大学生来说,要想进行健美操运动锻炼,并且取得理想的锻炼成效,首先要进行必要的体能训练,在获得良好的体能基础之后,才能更好地参与到健美操的运动锻炼中去。可以说,体能是大学生健美操的核心素养之一,是必要条件。本章对体能训练的基本理论进行分析,在此基础上,重点对大学生健美操的力量、耐力、灵敏以及柔韧素质训练进行分析和阐述。

第一节 体能训练基本理论

一、体能训练的概念与意义

(一)体能训练的概念

关于体能训练,我国运动训练界的理解为:体能训练就是指通过各种身体训练手段的应用,来使运动员的身体形态得到全面改善,使机体机能得到提升,运动素质及健康素质得到发展,从而使其机体对练习负荷和比赛负荷的适应能力得到有效提高的训练过程。

由此,可以将健美操的体能训练的概念界定为:是指健美操训练中教练员运用各种训练手段和方法提高大学生的机能水平，发展专项素质的基本能力和各种运动素质，为技术训练和提高运动成绩服务的手段。

(二)体能训练的意义

通过体能训练，能使大学生的神经、心血管系统的机能得到锻炼和改善；能使肌肉群的力量和弹性得到有效提高；柔韧、速度、耐力和协调能力等素质得到有效提升；平衡能力以及对时空和方位等控制判断能力也会得到发展。

体能训练有一般体能训练和专项体能训练两种类型。其中，一般体能训练采用各种非专项训练手段和方法，从而达到增强体质，提高各器官和系统的机能，全面发展各种身体素质和改善运动员的身体形态等重要目的。专项体能训练则采用与健美操专项技术结构相似的练习或专项的基本动作来发展专项所需的运动素质，从而使更快、更好地掌握专项技术动作和承受大强度的运动负荷得到保证。专项身体素质训练采用的训练方法和手段在动作结构、肌肉用力方式、时空感觉等方面与专项技术动作比较相似或相同，因而易于转化为完成某一难度动作的能力储备，加速掌握技术动作的进程，增强比赛的竞争能力，提高比赛成绩。

大学生的体能训练水平与健美操技术、心理等训练水平以及身体机能、身体形态等之间都有着非常紧密的联系，并且它们之间是相互作用、相互影响的。良好的体能不仅是健美操高水平运动技术的保障，同时也是防止和减少伤害事故发生的前提保证。因此，体能训练的意义在提高大学生机体能力、改善身体形态、增进健康、延长运动寿命、增强比赛的心理稳定性等方面都有着显著体现。

二、体能训练的分类

体能训练，通常会被分为两种类型，即一般体能训练和专项体能训练。体能训练所涉及的力量、耐力、灵敏等内容的训练,也都会以这样的形式进行分类的。

(一)一般体能训练

一般体能训练,即为非专项体能训练,因此,不管是所采用的训练手段还是所产生的训练效果,都具有非专项的特点,其主要训练目的在于增进身体健康,提高各器官系统机能,全面发展运动素质,改善身体形态,掌握非专项的运动技术、技能和知识,为专项成绩提高打好基础。

(二)专项体能训练

专项体能训练,与一般体能训练是相对而言的,具体来说,是指采用直接提高专项素质的训练,以及与专项有紧密联系的专门性体能训练。其具有专项性特点。专项体能训练是在非专项体能训练的基础上进行的,其主要的训练目的在于:最大限度地发展对专项成绩有直接关系的专项运动素质,以保证掌握专项技术和战术并使其在比赛中顺利、有效地运用,从而创造优异成绩。

由此可见,一般体能训练和专项体能训练之间不仅有着非常密切的关系,两者之间既有联系,也有较为显著的差别。

三、体能训练的要求

体能训练的进行并不是随意的,是需要在明确要求下进行的,这样能使体能训练的科学性、针对性和实效性都得到保证。具体来说,可以参照以下几方面要求。

(一)要将设计的指标要求明确下来

体能训练要将各个指标的具体要求明确下来。这是进行体能训练之前要做好的准备工作。在体能训练开始之初,要对参与训练的大学生的原始成绩进行检测,并且以此为依据来将各阶段的指标要求制定出来,并定期测验。预定了目标,参与体能训练的大学生的训练方向就确定了下来;通过测验,能使大学生对自己的进步和差距有客观的了解与认识,这对于激发其参与训练的积极性和主动性是有所助益的。通过测验的结果,能够反映大学生某个阶段的训练效果,亦可以作为综合评价全队或某个队员运动水平的指标,为教练员科学地制订今后的训练计划提供客观依据。

(二)合理调配体能训练专项性与非专项性的比例

体能训练有专项和非专项之分,因此,非专项的一般体能训练是专项体能训练的重要基础,因此,通常都是先进行非专项性的一般身体训练,在将这一基础打好的前提下,才能进行专项体能训练。需要强调的是,这两个方面体能训练都是不能相互替代的。

因此,在体能训练过程中,要以训练者多年训练过程的不同发展阶段和年度训练各时期、各阶段对体能训练的要求为依据,来对一般身体训练和专项身体训练之间的比例进行合理的调配,使参与训练的训练者的运动素质和身体机能都能得到良好的发展,并达到满足专项比赛对体能的要求。

(三)灵活选用多样性的训练方法

体能训练的进行需要一定的训练方法来参与其中,可以说,训练方法和手段是体能训练的重要组成部分,不可或缺。一般来说,体能训练持续时间长且单调乏味,要想训练得到较好的坚持,就要想方设法克服这一问题,通常较为理想的解决方法就是在训练过程中不断地变换训练方法和手段,并进一步丰富和创新发展,比如,多注入竞赛和游戏的成分等,从而使体能训练具有生动活泼、趣味浓郁的显著特点,这对于训练者训练兴趣和训练积极性的提升都是有帮助的。

第七章　大学生健美操核心素养之体能训练

（四）要与技战术训练结合进行

体能训练的进行并不是单独的一个训练，其具有专项性特点，这就要求其与所进行专项的技术和战术相结合来进行，如此，能使训练者在比赛中通过技术和战术的形式将其体能基础充分发挥出来。

四、大学生健美操体能训练的特点

在健美操运动训练中，技术训练占很大的比重，而在竞技性较强的健美操训练中，难度动作的训练过程在精细程度方面有着更高的要求，其规定动作的时间特点也非常显著，需要大学生用最快的速度熟练掌握好。因此，健美操体能训练一定要重视与健美操技术动作训练的结合，为健美操技术动作训练服务。

大学生健美操方面的专项素质主要包括有氧状态下及无氧状态下的代谢能力、肌肉收缩的速度、爆发力和耐力、各关节韧带的柔韧性、身体的平衡与控制能力、肢体动作的协调能力与灵敏性、对空间位置和运动方向的判断能力等。

五、大学生健美操体能训练的注意事项

大学生健美操体能训练需要对以下几个方面加以注意，以保证训练的效果。

（一）要注重兴趣与意志品质的培养

通常，体能训练的内容往往都比较单调，手段较为单一，要求较为严格，大学生在训练时往往会感到枯燥乏味、痛苦疲劳，从而产生偷懒、逃避、厌烦等现象。因此，教练员在安排训练方法手段时，一定要保证其多样化特点，针对大学生的兴趣点进行适当调整。同时，也要使大学生明确健美操体能训练的目的，制定相应

的目标,激发大学生训练的积极性,并通过训练达到培养大学生坚强的意志品质和吃苦耐劳精神。

（二）严格按照要求训练,保证动作质量

体能训练都必须按照一定的规格要求进行,这样,所做的动作质量才能得到保证,也才能取得理想的训练效果。因此,在训练之前,要求教练员一定要将训练要求明确下来,使每位大学生都能做到有目的地进行训练,同时在训练时严格监控动作的规格质量,包括身体姿态的规格,真正起到为专项技术服务的作用。

（三）要科学安排训练,训练侧重点要突出

人体本来就是统一的有机体,各种体能素质之间有着非常密切的关系,是相互作用、相互制约、相互依赖的,这就要求一定要科学安排各种素质的发展,使它们之间相互促进的作用最大化。各种素质训练内容的安排,训练强度,时间安排,练习的内容、次数、频率、组数、力度等都切忌急于求成,要以大学生的具体情况为依据来进行合理安排,做到运动负荷适宜,给予助力适当,训练课的组织合理,练习重点突出,以保证体能训练的安全有效。

（四）依据个体进行针对性训练

体能训练并不是固定统一的,而是要以不同训练时期的不同任务为主要依据,结合各个大学生的特点来对训练的内容和方法进行选择。比如,如果在基础训练阶段或准备期训练时期,所选择的训练内容主要为一般性体能训练,柔韧和力量训练则是重点所在;而临近比赛时,所选择的训练内容则主要为专项耐力训练和适应比赛的心理训练。在不同的大学生选择体能训练内容和方法前,一定要对大学生的性格特点和身体素质情况等有充分的了解,然后,根据健美操专项训练的需要,进行内容的选择和方法确定,重点抓薄弱环节的训练,目的是克服弱项,全面提高,确保运动技术的全面发展。

(五)遵循以人为本的原则

体能训练是针对大学生进行的,因此,以人为本的原则就成了基础性原则。在进行体能训练时,首先要确保参与训练的大学生的身体情况是良好的,才能允许其参与到健美操体能训练中。如果存在着身体不适的情况,则一定要搞清原因、症状、程度等,然后决定是否训练及训练的运动量,必要时应及时送医院进行诊断和医治。

(六)定期检查,及时调整

对于所有的体育运动来说,定期检查参与者的身体和运动状况是非常重要且必要的,这一方面能保证训练的顺利进行,保证训练的安全性,另一方面也要保证训练的效果,保证参与训练的大学生的自信心。

一般定期检查的形式有两种:一种是通过身体素质各项指标检测、比较进行;另一种是通过反映身体素质水平的技术动作的测试进行。通过定期检查,能够为大学生及时了解自身的素质情况,更好地配合教练员进行积极的训练提供帮助,从而保证体能训练的快速性和有效性。

第二节 大学生健美操力量素质训练

一、力量素质概述

(一)力量素质的概念

力量是身体素质的一种。力量素质,就是人体—肌肉系统工作时克服或对抗阻力的能力。[①] 在人体参加运动时,所指的力量素质是肌肉力量,即机体完成动作时肌肉收缩对抗阻力的能力。

对肌肉力量的大小产生决定性影响的因素有三个方面。

(1)完成动作时肌肉群收缩的合力。

(2)肌肉群收缩的协调能力。

(3)骨杠杆的机械率。

人体之所以能够运动,是与其力量素质这一重要基础有着密切关系的。可以说,力量素质是最基本的身体素质,是身体运动技能与技巧实施的重要前提条件,没有力量素质,人体就无法运动,由此,可以将个体参与体育运动锻炼的过程理解为借助机体的肌肉力量完成各种动作的过程。

(二)力量素质的分类

1. 最大力量

最大力量,就是肌肉在随意一次性最大程度收缩中,神经肌肉系统所能够产生的最大的力。

2. 速度力量

速度力量,可以理解为是在最短的时间内最大用力的能力。

通常,可以将速度力量的表现形式分为爆发力、弹跳力和起动力这三种。

3. 力量耐力

力量耐力,则可以理解为运动员机体耐受疲劳的能力。

二、大学生健美操力量素质训练的要求

大学生在进行健美操力量素质训练时,为了保证训练效果,

---

① 张英波.现代体能训练方法[M].北京:北京体育大学出版社,2006.

需要做到以下几个方面的要求。

(一)做好训练之前的准备工作

(1)大学生在进行健美操力量素质训练之前,首先要确定自身的身体状态是非常好的,这是非常重要的基础条件。

(2)大学生在进行健美操力量素质训练前,一定要做好充分的热身活动,使身体能够尽快进入到良好的运动状态,降低运动损伤的发生几率。

(二)训练过程中做好科学安排

(1)要从自身出发来进行健美操力量素质训练。对于大学生来说,其本身有着特殊的生长发育特点和身体条件,这就要求以此为依据,来科学安排训练负荷、训练量。

(2)大学生的健美操力量素质训练重点应该放在动力性训练上,不仅要做好健美操的动作技术训练,还要尽量快速完成动作,培养肌肉快速收缩和放松的能力,从而与健美操在快速运动中完成动作的特点相适应。

(3)力量训练并不是单独开展和发展的,要求与柔韧、放松训练结合起来进行,这对于提高肌肉的弹跳性和伸展性都是有益的。

(三)做好医务保障

如果之前在训练过程中发生过运动损伤,那么,就要求大学生在健美操力量素质训练中要尽可能地避开旧伤。如果在训练过程中感到疼痛,则需要适当减少负荷,严重者则需要停止训练。

三、大学生健美操力量素质训练方法

大学生健美操力量素质训练主要涉及上肢、下肢和躯干的腰腹等部位。

大学生健美操力量素质训练涉及的内容主要有:上肢的支

撑力量、下肢的弹跳力和爆发力、腰腹部的控制力量和快速收缩力量等，具体的训练方法如下。

(一)上肢力量训练方法

1. 一般力量素质训练

(1)肱二头肌力量素质训练方法
手臂前举，双手反握杠铃或哑铃做屈伸。
(2)肱三头肌力量素质训练方法
① 手臂上举，反握杠铃或哑铃做前臂屈伸。
② 双杠双臂屈伸练习。
(3)前臂屈肌群力量素质训练方法
负重屈腕练习。
(4)三角肌力量素质训练方法
两手正握杠铃，两臂肩侧屈，做向上推举杠铃练习。

2. 专项力量素质训练

可以通过俯卧撑、俯卧撑推起击掌、靠倒立、推倒立、自由倒地等方法加以训练，从而达到提升大学生健美操专项力量素质的目的。

(二)下肢力量素质训练方法

1. 一般力量素质训练

(1)股四头肌力量素质训练方法
蹲跳、负重蹲跳。
(2)腓肠肌、比目鱼肌力量素质训练方法
立定跳远、跳绳。

2. 专项力量素质训练

原地连续纵跳、团身跳、屈体分腿跳、哥萨克跳等。

负重情况下进行各种跳步练习。

多种跳步的组合练习。

连续快速的跳踢腿练习等。

(三)躯干力量素质训练方法

1. 一般力量素质训练

(1)斜方肌、背阔肌、菱形肌力量素质训练方法

单杠引体向上、负重双飞燕。

(2)腹肌力量素质训练方法

仰卧两头起、仰卧起坐、悬垂举腿。

(3)背肌力量素质训练方法

俯卧两头起、俯卧抬上体、俯卧鞍马举腿等。

2. 专项力量素质训练

可以通过俯撑、屈臂俯撑、分腿支撑、直角支撑、文森支撑、仰卧各种姿势两头起组合练习等来训练和发展大学生健美操专项力量素质。

(四)手腕关节力量素质训练

发展大学生健美操手腕关节力量素质的训练方法主要有以下这些：推小车、控倒立、倒立爬行、连续俯卧推跳及负重手腕屈伸练习等。

第三节 大学生健美操耐力素质训练

一、耐力素质概述

(一)耐力素质的概念

耐力素质,就是指人体克服工作过程中所产生疲劳的能力。

一般耐力素质水平的高低决定着身体机能在疲劳方面的抵抗能力。比如，如果大学生具有较强的耐力素质，那么其在克服疲劳方面所表现出的能力就比较强。

（二）耐力素质的分类

1. 以运动时间为依据分类

（1）短时间耐力

短时间耐力，即时间较短的耐力，其持续时间通常控制在45秒至2分钟。

（2）中等时间耐力

中等时间耐力的持续时间要比短时间耐力长，通常会控制在2~8分钟以上。一般完成这类运动项目的负荷强度比长时间的耐力项目的负荷强度要大。

（3）长时间耐力

长时间耐力，其所持续的时间是最长的，通常会超过8分钟。这类运动项目的整个过程都是有氧系统进行供能的，对机体的心血管和呼吸系统进行高度动员。

2. 以氧代谢方式为依据分类

（1）有氧耐力

机体在氧气供应充分的情况下，坚持长时间运动的能力，就是所谓的有氧耐力。机体的有氧代谢能力是机体对氧气的吸收、运输和利用能力的一个重要反映形式。

（2）无氧耐力

机体在氧供应不足的情况下，坚持长时间运动的能力，就是所谓的无氧耐力。机体进行无氧耐力训练，能够使自身抗氧债运动的能力得到有效提升。

（3）有氧与无氧混合耐力

将有氧耐力与无氧耐力结合起来，就成为一种特殊的耐力素质类型,即有氧与无氧混合耐力,其处于有氧耐力和无氧耐力之间。通常,这一类型耐力素质类型的运动持续时间长于无氧耐力而短于有氧耐力(表7-1)。

表7-1 耐力训练的四个区段

区段序号	区段	乳酸含量
1	代偿阶段	0 ~ 23
2	有氧阶段	24 ~ 36
3	有氧与无氧相结合阶段	37 ~ 70
4	无氧阶段	71 ~ 300

3. 以肌肉工作方式为依据分类

(1)静力性耐力

静力性耐力,就是机体在长时间的静力性肌肉工作中克服疲劳的能力。

(2)动力性耐力

动力性耐力,即为机体在长时间的动力性肌肉工作中克服疲劳的能力。

4. 以身体活动为依据分类

(1)全身性耐力

全身性耐力,就是机体的整个身体机能在运动训练中都起到克服疲劳作用的综合能力。机体的综合耐力水平是可以从全身性耐力素质上得到体现的。

(2)身体不同部位的耐力

身体不同部位的耐力素质,就是指不同身体部位在运动训练中克服疲劳的能力。一般,在体能训练中,这种局部耐力水平的提高对于一般耐力的发展水平是起到重要的决定性影响的。

5. 以运动项目为依据分类

（1）一般耐力

一般耐力，通常就是指机体多肌群、多系统长时间工作的能力。不同形式耐力素质的综合，就是所谓的一般耐力素质。

（2）专项耐力

专项耐力，通常就是机体为了获取专项成绩，最大限度地动员机能能力，克服专项负荷所产生的疲劳的能力。不同运动项目的专项耐力的特点和侧重点都是各不相同的。在专项耐力的训练过程中，机体还会建立一定的专项耐力储备，促使机体更好地完成专项训练任务。[①]

二、大学生健美操耐力素质训练的要求

（一）要遵循循序渐进原则

对于大学生来说，在进行健美操耐力素质训练时，一定要首先将初步的训练时间、距离和数量确定好，然后在此基础上，逐步加长时间和距离，再逐渐提升到接近身体的最大负荷，从而保证大学生健美操耐力素质训练负荷的增加是循序渐进的。

（二）耐力素质训练的科学安排

竞技性健美操成套动作时间为 1 分 45 秒，运动强度大，肌体以无氧代谢为主，从运动生理学角度分析，属于乳酸供能系统提供能量。因此，大学生健美操通常会采用 80%～90% 的训练强度，将心率控制在 180～190 次/分，练习时间控制在 1～2 分钟。

---

① 刘倩.危机意识视角下的大学生体质健康现状分析与对策研究[J].当代体育科技，2017，7（11）：7-8.

第七章　大学生健美操核心素养之体能训练

（三）要控制好训练过程中的呼吸

在健美操运动过程中，大学生的呼吸主要目的在于摄取发展耐力的必要氧气，良好的呼吸对于大学生健美操运动训练的持久性是有帮助的。在运动过程中，呼吸机体摄取氧气是通过提高呼吸频率和加深呼吸深度实现的，所以培养大学生以加深呼吸深度供氧的能力和培养用鼻呼吸的能力是非常重要的。[①] 良好的呼吸对于大学生机体耐力水平的提高是有所帮助的。

（四）大学生自身的体重要控制好

大学生耐力素质的发展与提升受到很多方面因素的影响，其中，体重是重要影响因素之一。一般，大学生身体内过多的脂肪会增加肌肉内阻力，降低摄氧量的相对值，因此，适当控制体重，对于大学生健美操耐力素质的训练与发展是有益的。

（五）要与心理素质结合加以训练

耐力素质，从严格意义上来说，其不仅限于生理性的素质，其与心理素质也有着非常密切的联系。也就是说，大学生耐力素质水平的高低，也能够反映出其心理素质水平的高低。因此，这就要求将耐力素质训练与心理素质训练结合起来进行，同时，要高度重视大学生的意志品质的训练与培养，这对于培养大学生健美操运动过程中吃苦耐劳、坚韧不拔的意志品质也是非常有利的。

三、大学生健美操耐力素质训练方法

（一）一般耐力素质训练

记时跑、跳绳等。

---

① 王晓刚.田径专项体能训练理论与方法[M].北京：中国书籍出版社，2014.

(二)专项耐力素质训练

连续大幅度的跳踢腿、连续大幅度的跳步动作、连续操化动作、成套动作分段重复练习、成套动作练习等。

第四节 大学生健美操灵敏素质训练

一、灵敏素质训练概述

(一)灵敏素质的概念

灵敏素质是指运动员在各种突然变换的条件下,协调、快速、准确地完成动作的能力。它是大学生的运动技能、神经反应和各种身体素质的综合表现,是在身体各种素质基础之上形成的。

一般,身体综合素质越好,完成动作越熟练,所表现的灵敏素质就越好,灵敏素质与其他素质和运动技能之间是不可分割的密切联系,单纯的灵敏素质是不存在的。

(二)灵敏素质的分类

1. 一般灵敏素质

一般灵敏素质,是指在各种活动中,人体在突然变换条件下,迅速、准确、合理完成各种动作的能力。灵敏素质的发展就是在此基础上实现的。[1]

2. 专项灵敏素质

专项灵敏素质,是指在专项体能训练中,迅速、准确、协调自

---

[1] 罗华平.现代体能理论阐析与科学化训练研究[M].北京:中国书籍出版社,2017.

如地完成各种专项技术和战术动作的能力。它是多年重复技战术训练和提高专项技能的结果。

二、大学生健美操灵敏素质训练的要求

(一)训练手段多样化

灵敏素质是多种素质的综合,因此,在采用训练手段方面,也要做到多样性和变换性,从而使大学生各种分析器官和运动器官的机能得到锻炼和提升,进而达到有效提高灵敏素质的目的。

(二)合理安排训练时间

灵敏素质是多种身体素质综合起来的结果,因此,进行灵敏素质训练对大学生的训练状态有着较高的要求,这样才能保证训练效果,否则,如果大学生灵敏素质训练的状态低迷,那么,不仅不能取得理想的训练效果,还有可能造成不利于身体健康的后果。

(三)要培养大学生良好的身体协调能力

灵敏素质在竞技性健美操中主要体现为身体的协调能力。这里所说的协调能力,主要是指在健美操运动时,机体各器官系统、各运动部位配合一致完成动作的能力。大学生在进行灵敏素质训练时,一定要避免操之过急,必须循序渐进,有计划、有针对性地进行训练,并且训练时还要保证身体各部位的正确姿态和协调用力的方法,防止全身紧张,动作僵硬。

(四)与健美操专项技术相结合

大学生灵敏素质训练应与健美操专项技术动作训练结合起来进行,从而使正确动作的自动化程度有所提高。

三、大学生健美操灵敏素质训练方法

健美操项目的灵敏素质练习同耐力素质相同,以专项灵敏练习为主,目的是提高健美操的专项协调能力。

(一)步伐与步法训练

步伐训练包括单一步伐练习,几种步伐组合练习,多种复杂步伐组合练习,加上转体、移动、方向变化的步伐组合练习,等等。

大学生在进行健美操步法训练时,一定要遵循先易后难的基本原则。首先,训练初期应该将关注点放在准确掌握部分的基本移动和重心移动上,然后,与健美操音乐相结合,并逐渐加大难度,练习多种步法的组合训练,从而使大学生腿部的运动协调性得到锻炼和提升。[1]

(二)手臂训练

手臂训练包括手臂的基本位置练习,手臂基本动作组合练习,配音手臂基本动作组合练习,加上不同手形的手臂动作组合练习等。

大学生在进行健美操手臂动作训练时,一定要注意训练程序与健美操步法训练之间的关系。

(三)上下肢配合训练

步伐配合手臂动作练习,练习顺序为二拍一动练习、一拍一动练习、一拍二动练习、变换节奏练习等。

大学生在对健美操的步法和手臂动作有所掌握之后,就需要将健美操手法和步法动作结合起来反复进行训练,从而使参与健美操运动锻炼的大学生四肢的协调配合能力得到有效提升。

---

[1] 吴晓红等.跳动音符——健美操[M].南京:江苏科学技术出版社,2006.

（四）健美操全身协调性训练

经过上述三个方面的训练之后，还需要通过身体关节（肩、髋、膝）的练习以及躯干的灵活性训练，重复进行提肩、绕肩、双肩同时绕、顶髋、绕髋、移髋、躯干前后左右移动等练习，再进行肩、髋、躯干的组合动作练习，从而使大学生全身进行健美操动作练习的协调性得到有效提升。

（五）操化动作练习

除此之外，还需要对那些在协调性方面有着不同要求的操化动作组合进行训练。对操化动作的难度起到决定性影响的因素主要有：不对称性动作的多少及难易、上下肢动作配合的多样化和难易、动作的节奏变化、动作的方向变换、动作的路线变化等方面，变化越多，难度越大，对大学生身体的协调性的要求也就越高。

第五节　大学生健美操柔韧素质训练

一、柔韧素质训练概述

（一）柔韧素质的概念

柔韧素质，就是指人体各个关节活动范围及肌肉、韧带的伸展能力，也可以将其理解为人体一定关节大幅度完成动作的运动能力。它主要体现的是关节活动幅度的大小和跨过关节的肌肉、肌腱、韧带等软组织的伸展性等方面，这种机体肌肉、肌腱、韧带的伸展性是可以通过科学的训练来得到提升的。

此外，关于柔韧素质，大学生还要对柔韧素质与柔软性二者的区别加以了解：柔韧素质要求柔中有刚，刚柔相济；而柔软性只是柔与软的结合，柔中无刚，刚柔不济。由此，能对柔韧素质有更加深刻的了解与认识。柔韧素质是保障各种运动项目提高运动技能的主要因素之一。

（二）柔韧素质的分类

1. 以与专项的关系为依据分类

（1）一般柔韧素质

那些适应于一般身体、技术、战术等训练所需要的柔韧素质，就是所谓的一般柔韧素质。

（2）专项柔韧素质

专项柔韧素质，就是指专项运动所需要的特殊柔韧素质。专项柔韧素质是在一般柔韧素质的基础上发展的，其决定性因素主要为各专项动作的生物力学结构。

2. 以运动主体的不同为依据分类

（1）主动柔韧素质

主动柔韧素质，就是指依靠相应关节周围肌肉群的积极工作，完成大幅度动作的能力。对主动柔韧素质产生影响的因素主要有耐力素质、力量素质等。

（2）被动柔韧素质

被动柔韧素质，就是指借助外界的力量使身体各关节的灵活性达到最大程度的一种能力。主动柔韧素质是在被动柔韧素质的基础上发展的。

3. 以身体状态的不同为依据分类

（1）静力性柔韧素质

静力性柔韧素质，就是指以静力性技术动作的需要为依据，肌肉、肌腱、韧带等软组织拉伸至动作所需的位置角度，并能够控制其停留一定时间所表现出现来的一种能力。静力性柔韧素质是动力性柔韧素质的基础。[①]

（2）动力性柔韧素质

动力性柔韧素质是指依据动力性技术动作的需要，机体最大限度伸直，再利用弹性回缩完成技术动作的能力。

二、大学生健美操柔韧素质训练的要求

（一）要做好科学的训练安排与调整

大学生在健美操柔韧素质训练的过程中，要想取得理想的训练效果，需要对运动量进行合理计划和安排，一定要保证所运用的负荷强度是适宜的。

在训练强度方面，强度的增加应该是逐步进行的，训练时要注意用力不要过大、过猛。

（二）保证充分的休息

要保证充分的休息，留出的间歇时间要充足，使训练部位得到完全恢复。具体的间歇时间可根据大学生的自我感觉来确定，当其感觉已恢复并准备好做下组训练时便可开始。

（三）做到循序渐进与持之以恒

大学生在进行健美操柔韧素质训练时，不要急于求成，而是要遵循循序渐进的原则。同时，还要做到持之以恒，不半途而废。

三、大学生健美操柔韧素质训练方法

大学生参与健美操运动锻炼对柔韧素质的需求，主要体现在：上肢的肩带部位、下肢的髋部和腿部、躯干的胸部和腰部等部位。不同部位柔韧素质训练方法是不同的。

[①] 罗华平.现代体能理论阐析与科学化训练研究[M].北京：中国书籍出版社，2017.

（一）上肢柔韧素质训练

（1）面对肋木站立，直臂双手握肋木，上体前屈，弹动下压，改善肩关节韧带。

（2）两人一组采用站姿、坐姿或卧姿进行压肩，改善肩关节柔韧性。

（二）躯干柔韧素质训练

1. 体侧转

两脚并拢或开立、与肩同宽，两臂侧平举，向左转动时以左肩带动躯干左转到最大限度控制10秒，向右转动时以右肩带动躯干向右转到最大限度保持10秒。

2. 体后屈

两手正握肋木，两腿并拢或开立、与肩同宽，抬头、挺胸，上体后仰到最大限度保持10秒。

（三）下肢柔韧素质训练

1. 侧压腿

大学生支撑腿脚尖、膝盖所朝方向与被压腿的方向成90°，膝关节伸直，髋关节充分展开，被拉伸的腿伸直，膝、脚面向上，抬头、挺胸、侧屈上体。[1]

2. 扳腿

大学生两人一组，站立姿势，一人双手扶固定物保持平衡，另一人扳前、侧腿时，可抓握踝关节处向上扳压，后腿可肩扛。

---

[1] 曲红军. 现代健身健美运动理论与实践指导[M]. 北京：中国书籍出版社，2014.

3. 劈叉

左(右)腿在前的纵叉和横叉的姿势保持弹动直至不动。

第八章 大学生健美操核心素养之心理与智能训练

培养大学生的健美操核心素养,不能忽视对其运动心理与运动智能的培养。运动心理与智能是健美操素养与健美操竞技能力的重要组成部分,而且对大学生健美操身体素质、运动技能的训练与培养具有重要影响。拥有良好的运动心理与运动智能素质,对大学生掌握健美操运动技能、参与健美操比赛以及取得理想的比赛成绩具有重要意义。本章主要就大学生健美操心理与智能素质的训练展开研究,首先分析心理与运动心理、智能与运动智能的基本知识,然后重点探讨大学生健美操心理素质与智能素质的训练方法,以期为培养大学生的心智能力及提升其核心素养提供方法指导。

第一节 心理与智能基本理论

一、心理与运动心理

(一)心理的概念

心理指的是人的内在状态、思考的过程,是对于客观事物主观的体验。心理的表现形式叫做心理现象,包括心理过程和心理特性,人的心理活动都有一个发生、发展、消失的过程。人们在活动的时候,通过各种感官认识外部世界事物,通过头脑的活动思考事物的因果关系,并伴随着喜、怒、哀、惧等情感体验。这个折射着一系列心理现象的过程就是心理过程。①

(二)心理健康

1. 心理健康的概念

心理健康是指心理的各个方面及活动过程处于一种良好或正常的状态。心理健康的理想状态是保持性格完好、智力正常、认知正确、情感适当、意志合理、态度积极、行为恰当、适应良好的状态。心理健康表现为在社交、生产生活上能与其他人保持较好的沟通或配合,能处理好生活与工作中发生的各种情况。

2. 心理健康的标准

下面主要列出我国学者严和锓和黄珉珉提出的心理健康标准。

(1)严和锓的标准
①有积极向上、面对现实和环境的能力。
②能避免由于过度紧张或焦虑而产生病态症状。
③与人相处时,能保持发展融洽互助的能力。
④有将精力转化为创造性和建设性活动的能力。
⑤有能力工作。
⑥能正常恋爱。
(2)黄珉珉的标准
①能正常学习、生活和工作。
②能与他人和睦相处,保持良好人际关系。
③人格健全。
④具有良好的情绪体验。
⑤具有正常的行为。

---

① 李明,曹勇.体育运动心理训练理论与实践[M].武汉:中国地质大学出版社,2015.

⑥有正常的心理意向。

⑦有良好的适应能力及对紧急事件的应对能力。

⑧有一定的安全感,有自信心。

3. 心理健康自我测评

人们可以对自己的心理健康状况进行自评。表 8-1 所示的"心理健康自我测定量表"是我国学者根据美国曼福雷德编写的心理健康问卷改编而成的。

表 8-1 心理健康自我测定量表[①]

题号	内容	常有	偶有	罕有	从无
1	害羞	1	7	8	0
2	为丢脸而烦恼很久	0	6	12	6
3	登高怕从高处跌下来	0	5	13	10
4	易伤感	0	5	15	8
5	做事常常半途而废	0	4	12	4
6	无故悲欢	0	7	12	9
7	白天常想入非非	3	8	9	0
8	行路故意避见某人	0	4	11	10
9	易对娱乐厌倦	0	8	11	6
10	易气馁	0	1	15	8
11	感到事事不如意	0	2	16	6
12	常喜欢独处	0	2	6	0
13	讨厌别人看你做事,虽然做得很好	0	8	11	9
14	对批评毫不介意	8	5	3	0
15	易改变兴趣	2	4	8	2
16	感到自己有许多不足	0	5	12	15
17	常感到不高兴	0	4	15	5
18	常感到寂寞	0	4	11	5
19	觉得心理难过、痛苦	0	1	11	16
20	在长辈前很不自然	0	7	11	10
21	缺乏自信	0	9	11	8
22	工作有预定计划	8	6	0	2
23	做事心中无主见	0	7	10	11
24	做事有强迫感	0	4	5	3
25	自认运气好	11	7	6	0
26	常有重复思想	0	9	7	4
27	不喜欢进入地道或地下室	0	3	4	12

① 王健等. 健康教育[M]. 北京:高等教育出版社,2004.

第八章 大学生健美操核心素养之心理与智能训练

续表

题号	内容	常有	偶有	罕有	从无
28	想自杀	0	3	5	13
29	觉得人家故意找你茬	0	1	5	6
30	易发火、烦恼	0	5	18	13
31	易对工作产生厌倦	0	4	11	15
32	迟疑不决	0	10	10	8
33	寻求人家同情	0	1	9	2
34	不易结交朋友	0	2	9	5
35	心理懊丧影响工作	0	4	14	14
36	可怜自己	0	0	11	9
37	梦见性的活动	2	3	6	0
38	在许多境遇中感到害怕	1	0	16	7
39	觉得智力不如别人	0	1	8	7
40	为性的问题而苦恼	0	4	9	3
41	遭遇失败	0	4	14	6
42	心神不定	0	9	13	6
43	为琐事而烦恼	0	7	14	7
44	怕死	0	1	2	13
45	自己觉得自己有罪	0	0	12	4
46	想谋杀人	2	3	5	0

测评时，根据自己的实际情况作出选择，最后计算总分，按分数评定。男生总分在65分以上，表示心理正常，低于10分表示有严重的心理问题；女生总分在45分以上表示心理正常，低于25分表示存在心理问题。

（三）运动心理的概念

运动心理是指运动员的大脑对运动训练、运动比赛的主观反应，这种反应主要通过感知觉、记忆与表象、思维与想象、意志与情感等形式表现出来。

（四）运动员心理能力的构成

运动员心理能力主要包括心理过程和个性心理，如图8-1所示。心理过程和个性心理又各自包含一些重要的心理要素。下面主要分析运动员心理能力的几个重要组成部分。

1. 运动知觉

优秀运动员必须拥有精确的运动知觉。运动知觉是运动员的大脑对客体在空间的位置移动及本体运动状态特征的知觉。在运动中,对客体的运动知觉主要靠视觉和听觉,对主体的运动知觉是靠动觉、平衡觉、触觉,以及视觉、听觉、机体觉等若干信息整体综合形成的。

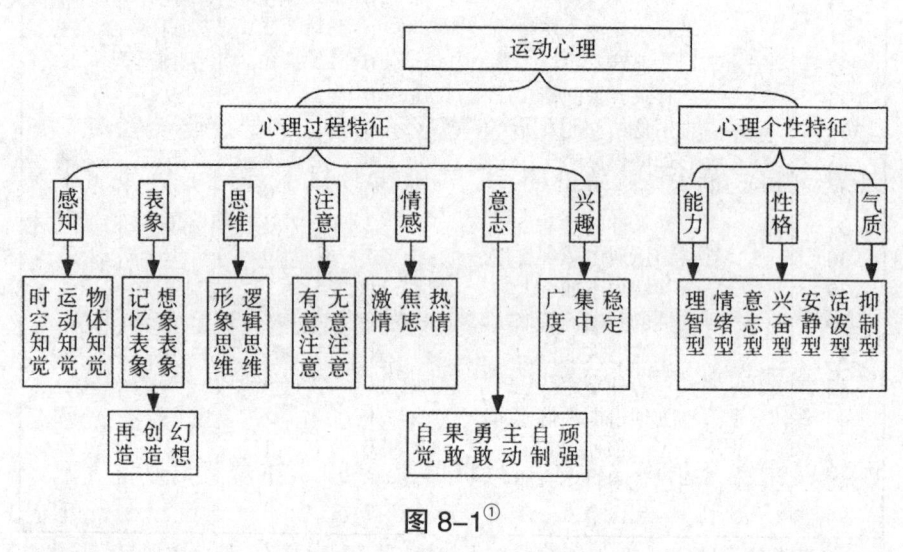

```
                            运动心理
                ┌──────────────┴──────────────┐
            心理过程特征                    心理个性特征
    ┌──┬──┬──┬──┬──┬──┬──┐            ┌────┬────┬────┐
    感 表 思 注 情 意 兴                  能   性   气
    知 象 维 意 感 志 趣                  力   格   质
    │  │  │  │  │  │  │                │    │    │
  ┌─┴┐┌┴┐┌┴┐┌┴┐┌┴┐ │ ┌┴┐            ┌─┴┐ ┌─┴─┐┌─┴─┐
  时物 记想 形逻 有无 激焦热  广集稳      理情 意兴安 活抑
  空体 忆象 象辑 意意 情虑情  度中定      智绪 志奋静 泼制
  知知 表表 思思 注注            广       型型 型型型 型型
  觉觉 象象 维维 意意
           │              │
         再创幻          自果勇主自顽
         造造想          觉敢敢动制强
```

图 8-1[①]

2. 注意力

稳定的注意力是运动员在运动比赛中必备的一项心理竞技能力。注意力是人的心理活动的指向性和集中性。长时间的训练和比赛要求运动员具有良好的注意稳定性。运动员在身体疲劳的状态下,能否高度集中注意力直接决定了能否充分发挥高水平的运动技能。

3. 思维性与灵活性

高度发展的思维性与灵活性是运动员在激烈复杂的比赛中应具备的重要心理竞技能力。思维敏捷性集中表现为面临问题能够做出迅速反应。优秀的运动员面对赛场上的突发状况,往往能够运用丰富的经验、知识来妥善解决,这种迅速的思维活动充

---

① 胡亦海.竞技运动训练理论与方法[M].北京:人民体育出版社,2014.

分表现出运动员思维的灵活性。高度发展的思维灵活性通常称为"应变能力"。

4. 情绪

良好的情绪是运动员在比赛中充分发挥运动水平的重要心理竞技能力。运动中的情绪主要是指那些与运动员的身体生理活动密切相关的情绪状态。

5. 意志品质

运动员坚强的意志品质是其在长期训练和复杂比赛中克服困难、赢得比赛的重要保证,是运动员不可缺少的重要心理竞技能力。

6. 心理相容性和内聚力

良好的心理相容性和高度的内聚力不仅是运动员个体应具备的重要心理竞技能力,也是整个运动队应具备的重要素质。一支运动队只有具备了强大的内聚力和良好的心理相容性,才能最大限度地发挥集体的力量,取得比赛的胜利。

良好的内聚力也是运动员重要的心理竞技能力之一。内聚力,即运动队对其成员的吸引力。内聚力使队内关系发展到特殊程度,使全体队员最大限度地为团队的共同目标而努力奋斗。

二、智能与运动智能

(一)智能的概念

智能是借助于内部语言在人脑中进行的一种认知活动方式,主要包括感知能力、观察能力、记忆能力、抽象思维能力以及创造能力。

(二)运动智能的概念

运动智能指的是运动员在运动训练或竞技比赛中运用基础

和专项理论知识来认识训练和竞赛的一般或特殊规律并解决现实问题的能力。

运动员所需要的智能实际是其所具备的知识和能力的综合体现。一方面,大脑是知识的载体,而不会动脑的人难以成为一名优秀运动员;另一方面,知识是智能的源泉,知识的深度与广度同智能水平有直接联系。因此,运动员的智能也可以认为是运动员运用知识和信息来分析和解决运动训练和比赛中各种实际问题的能力。运动员智能训练与培养与其知识储备有密切关系,学习、掌握各种知识是发展智能的基础。因而,对运动员的智能进行训练,先要学习和掌握一般文化科学知识,而后进行运动理论的教育和运动智能的培养。

(三)运动员智能的构成

运动员智力能力的构成如图 8-2 所示。

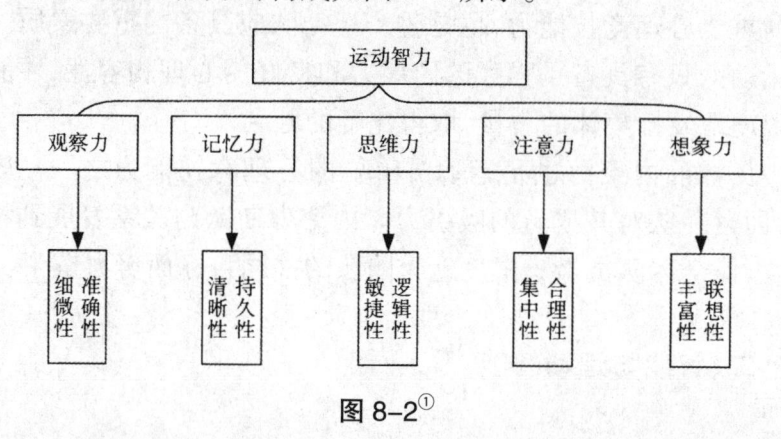

```
                        运动智力
        ┌───────┬───────┼───────┬───────┐
      观察力   记忆力   思维力   注意力   想象力
        │       │       │       │       │
       细准    清持    敏逻    集合    丰联
       微确    晰久    捷辑    中理    富想
       性性    性性    性性    性性    性性
```

图 8-2[①]

1. 观察力

运动员的观察力主要体现于在比赛中寻找获胜机会。具备良好的临场观察力是有力支持和引导运动员竞技能力更快更好发展的基础条件。

---

① 胡亦海.竞技运动训练理论与方法[M].北京:人民体育出版社,2014.

2. 记忆力

在运动训练过程中，运动员掌握技能的整个过程包括技术动作的泛化过程、分化过程、动作定型过程和自动化阶段四个阶段。在每个阶段运动技能的学习与训练中，都离不开运动员的记忆力。运动员对运动技能的掌握水平直接影响其竞技能力的形成时间和过程，然而要形成正确完整的技术动作，就要以良好的运动记忆能力为前提。运动员在日常训练中，要认真记忆每个动作的要领，将平时掌握的技术动作深深刻在大脑中。只有这样，在比赛时大脑才会发出正确的技术动作的信号，从而使运动员选择并发挥正确合理的技术动作。所以，运动员的记忆能力在运动训练和比赛中占据举足轻重的地位。同时，运动员的运动记忆能力需要日积月累的练习才能形成。

3. 思维能力

在运动训练中，运动员运动技能的形成离不开良好的思维能力，运动员在比赛时更是离不开准确的判断能力和思维能力，在集体项目中这项能力更为重要。这就要求在日常训练中注重对运动员良好思维和判断能力的培养，使日常训练中形成的技术动作表象转化为正确的技术动作概念。

4. 注意力

注意力其实就是运动员与外界各种干扰因素相对抗的能力，运动员在训练和比赛中要主动屏蔽外界干扰，将注意力集中在训练和比赛上。运动员的注意力不仅包括注意力的集中性，也包括分配注意力的能力，善于分配注意力的运动员能够兼顾全场，顾全大局。

5. 想象力

想象力是运动员非常重要的智能因素，培养运动员的想象力，一般先从无意想象和再造想象开始，然后逐步向有意想象和创造想象过渡与发展。运动员经过想象力的训练与培养,其运动想象会发生下列变化。

首先,有意想象逐渐代替无意想象。运动员通过参与训练或比赛活动,能够获得丰富多样且生动形象的素材来发展自己的想象力。在想象力训练的初期,想象主要是无意的,是没有明确计划和目的的,随着训练时间的增加,教练员对运动员的启发与诱导使运动员想象的有意性逐步增加。

其次,想象的创造性逐渐增加,创造想象发挥主要作用。在想象力训练初期,运动员的想象以再现想象、模仿想象为主,主要就是简单想象运动或比赛场景。随着不断的训练和运动员实战经验的增加,运动员的想象力越来越丰富,能够有创造性地想象与训练或比赛有关的情形。

总之,心理与智能总称为心智,是运动员竞技能力不可或缺的重要组成部分(图8-3)。在运动训练中,既要重视体能训练、运动技能训练,同样也要重视心智训练。良好的心智能力对运动员身体与技能的训练具有重要意义。在高校大学生健美操核心素养培养中,也要重视对心理素养与智能素养的培养。

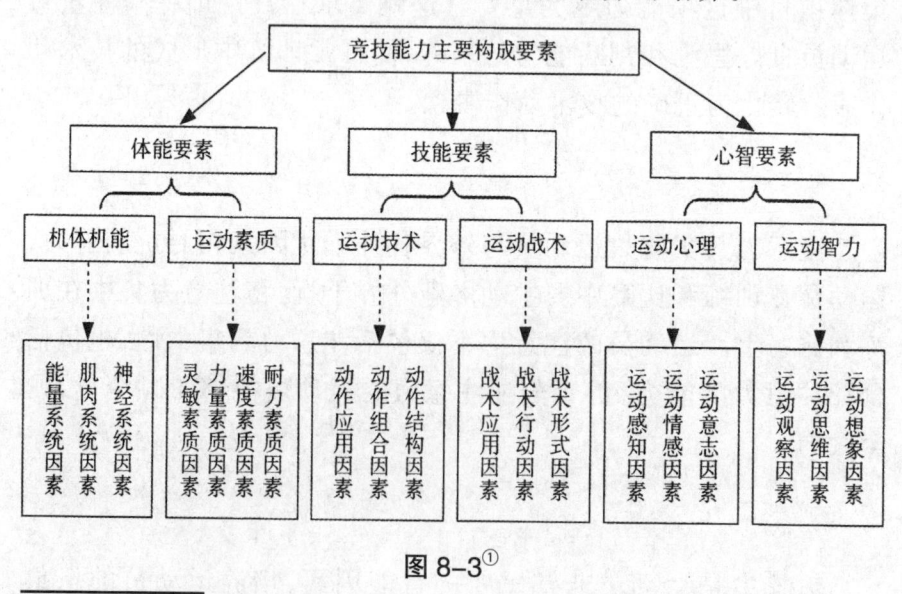

图 8-3[①]

① 胡亦海.竞技运动训练理论与方法[M].北京:人民体育出版社,2014.

第二节 大学生健美操心理素质训练

一、大学生健美操心理素质训练方法

(一)注意力训练方法

健美操运动对大学生的注意力提出了较高的要求。大学生参与健美操训练或比赛,要高度集中注意力,全神贯注地完成动作,而且要观察队友的位置和动作,保持协调一致。大学生学习健美操,在视野上应该看得广一些,要善于洞察运动场上的各种情况,也就是说注意的范围要大,而且要选好需要特别注意的"点"。对大学生进行注意力训练,可以为其技术训练和参与比赛奠定良好的基础。当大学生的健美操动作技能达到一定水平时,为了进一步提升其在健美操比赛中的表现力,需要重视日常训练中在注意力训练方面的细节,要特别重视对大学生合理分配注意力的引导,使其能够在复杂的比赛场上及时捕捉有价值的信号。

下面具体分析几种常见的注意力训练方法。

1. 模拟训练

健美操比赛中一些意料之外的干扰因素往往会对大学生的表现造成严重困扰与影响。因此,在健美操日常训练中,要积极采用模拟训练方法来培养大学生的注意力,主要是对比赛场地进行模拟,在接近比赛环境的情况下进行训练。

2. 视线控制训练

人们在日常生活中如果视线发生转移,思维也会随之转移。在健美操比赛中,受各种因素的影响,大学生要完全集中注意力完成整套动作有一定的难度,一旦视线转移了,大学生的注意力就会分散。因此采用视线控制训练可以提高大学生集中注意力的能力,使大学生在比赛中将注意力集中在关键和紧要的地方,防止因注意力不集中而出现失误。

3. 暗示训练

大学生在健美操比赛中,根据日常积累的经验进行自我积极暗示,不断提醒自己将注意力集中到比赛场上,这就是暗示所带来的特定反应。

(二)自信心训练方法

优秀运动员取得的优异成绩与其强大的自信心有很重要的关系。自信是成功的必备条件。运动员自信心强,就能稳定发挥,甚至能超水平发挥。运动员的自信心在比赛关键时刻尤其能显示出重要性,自信的大学生面对各种比赛危机,往往能灵活应对和处理,使比赛局势对自己有利;相反,自信心弱的运动员遇到危机就会乱了阵脚,怀疑自己的技能,导致正常水平都发挥不出来。可见,对运动员来说,自信心非常重要。

大学生在健美操学练中的自信心指的是大学生对自己将来在健美操领域取得成功的能力的确信度。大学生如果这方面的确信度低,就会怀疑自己的能力,有自卑情绪,这样大学生很容易"被自己打败"。而对自己取得成功的能力有极高确信度的大学生往往很自信,能对自己的健美操能力进行正确评价,并能利用一切可利用的因素来提高自己的运动能力。

大学生在健美操训练中可采用以下方法来增强自己的自信心。

1. 表象训练

大学生回忆自己在健美操学练过程中的良好体验和成功经历,细细品味当时的情境和感觉,以强化心理、愉悦心理,获得满足感,这样自信心就会有所提升。

2. 评估与激励

大学生正确评估自己有助于建立自信。大学生要清楚自己的体能情况及健美操技能水平,并基于这些了解来判断自己是否适合参加健美操比赛,明确自己参加比赛能达到什么目标,并为达到目标而努力,自信参与比赛。

大学生对自己的评估需要教练员的指导,教练员采用的指导手段以激励为主,激励大学生不断努力,肯定他们的进步,强化其成功感和成就感,使大学生信心倍增。所以说,自我评估与外在激励是培养大学生自信心的重要方法。

3. 比赛训练

为了提高大学生参与健美操比赛的自信心,应在临近比赛前安排一次模拟比赛训练,使大学生熟悉比赛场景与环境,这有助于培养大学生的适应能力,使其在正式比赛中从容应对。在模拟比赛训练中如果大学生发挥不佳,则及时帮助大学生找到存在的问题,分析产生问题的原因,并有针对性地解决问题,提高大学生参赛的自信心。

(三)意志力训练方法

大学生参与健美操训练和比赛,身体与心理承受能力都应该比较强一些,并要正确看待成败与胜负结果,要适应外界环境的刺激与影响,保持稳定的情绪和积极的心理状态。这些都对大学生的意志品质提出了较高的要求。大学生意志力的强弱由其自身意识所调节,大学生对自己行为加以节制的能力是其意志力的主要体现。

大学生参与健美操运动,应具备良好的意志品质,这样才能在训练和比赛中抓住机会赢得胜利。所有人在通往成功的道路上都需要顽强意志力的陪伴,只有拥有主动的、自制的、坚韧的、果断的意志力,才能勇敢克服困难,走出困境,对抗挫折,朝着既定目标不断努力。大学生意识的能动性就体现在其战胜困难、追求成功道路上的心理过程与心理变化中。意志力与动机是密切联系的,大学生在健美操训练或比赛中,要先确定自己的目标,然后在正确动机的驱使下勇敢克服障碍,努力实现目标。

大学生意志力的训练方法主要有以下几种。

（1）培养大学生建立适合自身情况的奋斗目标的能力。

（2）培养大学生的自制力。

（3）培养大学生的果敢精神。

（4）培养大学生的顽强作风。

（5）根据大学生的实际水平安排相应的比赛。

（6）加强对大学生健美操训练与比赛的管理。

(四) 情绪调节训练方法

大学生拥有积极而稳定的情绪状态,对提高其健美操训练与比赛成绩具有重要意义。培养大学生在健美操运动中的良好心理素质,不能忽视对其情绪的调节,具体可采取以下方法。

1. 认知训练法

采用认知训练方法可以帮助大学生克服紧张情绪,保持心理定向的正确性,具体操作方式如下。

（1）通过与大学生进行谈话、讨论等方式使其清楚自己的训练或比赛任务。

（2）树立正确的动机,明确适宜的目标。

（3）培养大学生的拼搏精神和顽强意志力。

（4）培养大学生的自信心,使其相信自己的能力。

（5）预估健美操训练或比赛中可能有哪些问题出现,提前设计应变方案。

（6）大学生把自己的认识活动集中在体能与技术准备上,以良好的状态迎接训练或比赛。

2. 表象重现法

大学生面临艰巨的健美操训练或比赛任务时,要在大脑中清楚地回忆自己曾经的优良表现,尤其是当时的身心状态和情绪状态,并努力再现当时的场景,这样能够使紧张情绪得到缓解,并更加自信,从容应对训练或比赛。

3. 表情调节法

大学生对着镜子对自己的脸部表情进行调整,采用微笑训练法使自己的面部表情更有感染力。

4. 呼吸调节法

大学生通过深呼吸来稳定自己的情绪,调整自己的心理状态,缓解紧张。

5. 音乐调节法

播放大学生喜欢的音乐,反复聆听与欣赏,以缓解紧张情绪,达到舒缓情绪的目的。

6. 思维阻断法

大学生出现消极情绪时,立刻提醒自己不应该有这种思维,马上阻断这种消极思维的蔓延。

在大学生健美操心理素质训练中,采用什么样的训练方法要根据大学生的运动水平、运动经验、身心发展情况而定,而且一般要将多种方法结合起来反复使用,这样才能更好地培养大学生的良好素质。对大学生运动心理素质的训练与培养还有助于使大学生在健美操训练或比赛中达到最佳竞技状态。对大学生运动心理素质的训练应保持系统性,要将心理训练纳入长期训练计划中,切实提高大学生的心理机能水平,使其在训练与比赛中能够将良好的心理机能与体能、技能充分结合起来,以充分发挥自己的综合水平。大学生参与健美操运动可能会遇到很多问题与困难,在总结常见问题及分析问题原因后,要制定相应的解决对策,不仅包括战略解决对策,还包括心理对策,对各种对策的制定需要教练员与大学生共同完成。在健美操训练与比赛前,尽可能使大学生做好身体、心理、技术等各方面的准备,心理上的准备要特别强调专注力、积极情绪、自信心、正确动机、顽强意志等方面。此外,教练员要加强对运动环境的管理,确保环境对大学生的稳定发挥有利,这样大学生能够更好地适应训练或比赛,从而有良好的表现。

二、大学生在健美操比赛前的心理调控方法

面对竞争激烈的健美操比赛,大学生难免会感到紧张、焦虑,甚至是恐惧,这些心理状态都不利于大学生在赛场上的稳定发挥,如果将这些负面心理带到赛场上,则会严重影响大学生的表现力,从而影响比赛成绩。因此,在健美操比赛前一定要重视心理调节,这既需要大学生进行自我调节,也需要教练员采取措施予以调节。下面分析几种常见的赛前心理调节方式。

(一)自我暗示

大学生如果发现自己的情绪处于低沉状态,就要通过自我暗示来调节这种消极心理状态。暗示主要是采用正面语言来刺激自己的心理,然后对自己的行为加以控制。大学生要用什么样的语言暗示自己,取决于为什么而焦虑或紧张。临近比赛,如果因为竞争对手实力比自己强而感到紧张或焦虑,就要采用激励性的语言暗示自己,如"我有信心发挥得更好""我们队没有问题"等,这样能使焦虑或紧张情绪状态得到缓解。大学生自我心理暗示就是自我激励,自己给自己加油打气,用正面的、积极的词语来鼓励自己,"我能行""我们队定会不负众望"等都属于这种积极正面的暗示语。有些大学生对比赛结果抱有消极的看法,对于这些

大学生,要引导其不要将比赛结果看得太重,先肯定自己的能力,并在运动场上正常发挥,减少失误,不要被未知的比赛结果影响比赛发挥。健美操比赛固然存在着激烈的竞争,但是对大学生来说,比起比赛结果,更应该重视的是比赛中的稳定发挥,关注本队选取的难度动作能否规范完成,操化动作能否连贯完成,将注意力放在这些上面,就能避免被比赛环境或未知结果而困扰,避免产生不必要的焦虑感。

大学生自我暗示的过程其实就是说服自己摆脱不良情绪,重新塑造良好心理状态的过程,从而以积极的形象和状态参与比赛。有些大学生越临近比赛,越自卑,越不相信自己的水平,自我怀疑与否定,这样不仅对自己的发挥不利,而且也会影响整个团队,对此,队员之间要相互宽慰和鼓励,帮助对方重拾自信,以增强整个队伍的自信心与战斗力。

(二)呼吸调节

大学生在精神过度紧张、情绪不稳定时,往往感到呼吸急促,此时进行深呼吸或有意识地放慢呼吸节奏可以起到稳定情绪的作用。大学生在健美操比赛前产生焦虑时,通过调整呼吸可以控制身体节奏,放松神经和肌肉,恢复平静状态,有利于比赛中的稳定发挥。

最适合大学生的呼吸训练法是腹式呼吸法。采用站姿、坐姿或卧姿,吸气时腹部尽量向外扩张,呼气时腹部尽量向内收缩,用鼻吸气使腹部隆起,保持 2~3 秒,再经口呼出至腹部下沉,每次练习 4~5 组,可以有效缓解赛前焦虑。[①]

(三)视觉放松

视觉放松训练是双目闭紧,通过内心想象描绘某种画面或情景,从而释放情绪,缓解紧张。视觉放松也能帮助大学生集中注

---

① 张帆.健美操青少年运动员赛前心理焦虑特征的研究[D].西安体育学院,2019.

意力,减缓焦虑心理,增强自信。

大学生在健美操比赛前进行视觉放松训练,脑海中想象比赛的操化动作、过渡连接与难度动作,多想正确的技术要领,保持积极心态,不受外界嘈杂环境的影响,阻断干扰,使心情保持平静,这有利于大学生在赛中的稳定发挥。

(四)模拟训练

模拟训练的目的是使大学生在比赛中稳定发挥,获得优异成绩。在模拟训练中,需要了解大学生的身心状态,了解队伍的整体实力和准备情况。模拟训练的流程与规则要与正式比赛一样,要创造类似的比赛场景,邀请专家评委打分,组织观众观看,以丰富大学生的现场体验,使其在赛前保持稳定心理,调整赛前不良心理。

(五)控制训练

控制训练是指充分利用想象力在人脑中形成一套程序,在遇到相同或相似情况时,大脑自动反应。所以培养大学生的想象力及对注意力的管控能力十分重要,使大学生控制好自己的情绪,冷静沉思,集中注意力,以积极平稳的心态参与比赛。

第三节　大学生健美操智能素质训练

一、大学生在健美操学练中应该具备的基本智能

(一)自我认知智能

人类客观认识自己,进行自我反思,发现自己的不足,这就是自我认识的表现。人类对与自己相关的事物的独立处理能力及独立解决问题的能力是其自我认知智能的重要体现。总的来说,

自我认知智能包括自我认识、自我定位、自我评价、自我反思等相关能力。

健美操是健美类运动项目,是技能主导类项目,其具有艺术表演性,健美操的独特性对大学生的自我认知智能提出了一定的要求,具体表现为独立思考的能力、自我反思的能力、发现自己动作的缺陷并予以改善的能力、自信地完成成套动作的能力以及将音乐与动作融为一体的能力。另外,健美操的发展离不开创新,所以对大学生自我认知智能的要求中也包含对其创编能力与创造力的要求,大学生要认真了解健美操音乐与健美操动作规律,从而创造出观赏价值突出的健美操成套动作。

(二)身体运动智能

大学生完成健美操成套动作的过程中要表现出出色的力量素质、平衡素质以及协调素质,在完成难度动作的过程中要有稳定的发挥,这些都对大学生的身体素质提出了较高的要求。大学生只有平时不断练习,将一般身体练习与专项身体练习结合起来,才能提高身体的灵活性、增强肌肉的力量,为熟练掌握各类动作奠定基础。

身体运动智能较高的大学生往往能比较快地掌握复杂的健美操动作,而且在完成各项动作的过程中能够将自己的形体美、动作美、姿态美、精神美等充分展现出来。而身体智能水平较低的大学生学习健美操动作比较吃力,做出来的动作缺乏美感,显得僵硬死板。身体运动智能直接影响健美操成套动作的发挥,在难度动作中这种影响更明显,身体素质水平接近的大学生在完成难度动作时也可能给人带来不同的感觉,有的令人赏心悦目,赞不绝口,有的则给人单调无趣的感觉,这在一定程度上是受大学生身体智能影响的。

另外,在健美操比赛中,大学生因为紧张或注意力分散而容易出现失误,甚至摔倒,此时,大学生的身体运动智能直接影响其对这种紧急情况的应对能力。身体运动智能良好的大学生应对能力更强,能够更加从容地处理紧急情况。

(三)视觉空间智能

视觉空间智能指的是眼睛看到的物体的属性(形状、大小、颜色等)在大脑中的反映,是通过眼睛对空间进行准确感知的能力。健美操运动对大学生的视觉空间智能有一定的要求。大学生完成腾空动作,需要有准确的空间判断力,视觉空间智能的重要性在完成健美操跳跃类难度动作中体现得更明显,大学生要对自己在空中的身体姿势及身体活动轨迹有清晰的认识。大学生参与竞技性健美操比赛,要熟悉四个方向的跑位,也要熟悉对三维空间(空中—地面—地下)的感知与把控,如果没有良好的视觉空间智能,缺乏对空间的准确感知能力,而且三维空间感弱,则很难练好腾空类和跳跃类难度动作,从而影响整个成套动作的完成质量。

(四)音乐智能

健美操离不开音乐,健美操音乐依托健美操套路才能显示出自己存在的价值与意义。因此,健美操成套动作与健美操音乐往往是成对出现的,在健美操训练中要将健美操动作训练与音乐素养的培养结合起来,使大学生在音乐伴奏下掌握健美操动作,把握节奏感,提高动作的协调性、韵律性。

健美操具有乐舞结合的独特性,对大学生音乐兴趣、音乐欣赏能力及音乐创编能力的培养是提升大学生音乐素养及健美操综合素质的重要方法。不同的音乐作品都有自己的旋律和风格特色,音乐是表达情感、记录生活的重要艺术形式和载体,是人类智慧的结晶。大学生在健美操训练或比赛中依托音乐而生动演绎,表达感情,愉悦身心,获得美好的享受与体验。如果没有音乐,纯粹的成套动作缺乏情感,而没有情感的表演无法打动观众与评委。

健美操音乐的选择与健美操的类型有关,大众健美操、竞技性健美操选取的音乐不同,青少年健美操、中老年健美操选取的音乐也不同,音乐智能高的大学生能够根据健美操类型与风格而选取或制作适宜的音乐,准确把握音乐节奏,从而更加流畅、富有情感地表演动作,增加表演或比赛的感染力。

(五)语言智能

在高校健美操训练中,教练员对大学生的训练与指导离不开各种各样的语言,这是训练的主要手段,也是教练员与大学生相互沟通与交流的工具。语言训练手段的运用形式有语言讲解、语言提示、口令等,这些往往与直观训练、实战演示等训练方法结合起来使用。灵活采用这些训练手段,能够使大学生清楚健美操技术的动作要领、难点及细节,并用肢体语言准确表达健美操风格。语言表达方式还被运用于团队成员的相互帮助与交流中,运用于大学生的自我总结中,大学生要善于采用语言的方式准确表达自己的思想情感与真实想法,以提高沟通交流的效率,提高训练的实效。因此在大学生语言智能的培育中,要特别重视对大学生语言表达能力及肢体语言表达能力的培养。

二、大学生健美操智能的训练方法

(一)观察力训练

竞技运动比赛对运动员的观察能力和判断能力都有很高的要求,健美操同样如此。因此,在高校大学生健美操智能培养中,要重视对其观察力的培养,大学生只有拥有一定的观察力,才能进一步发展良好的判断与分析能力。对大学生观察力的培养应体现在日常训练中,如体能训练、技术训练中,比较常见的方法是让大学生在训练中边观察边记录,以日记的形式呈现自己观察的结果。观察的主要内容是队友的动作和整个团体的协作能力,通过观察判断正误,评价团队的综合能力。

(二)记忆力训练

大学生练好健美操技术需要有良好的运动记忆力,记忆能力强的大学生能够在健美操比赛中完成完整的成套动作,并表现出较高的水平。在健美操训练中,教练员将健美操技术传授给大学生,大学生通过不断练习来加强记忆,重复练习是培养大学生运动记忆力最有效的方式。大学生在日常训练中如果遇到技术性问题,教练员可通过播放比赛录像来帮助大学生解决问题,这能使大学生熟记原本掌握不好的技术,也能加深大学生对这类动作的理解,从而在比赛中调动记忆来完成这类动作。

(三)思维能力训练

在大学生健美操智能培养中,思维能力的培养非常重要。应该将这类智能因素的训练贯穿于训练的始终,教练员要做好引导工作。日常训练中对大学生思维能力的培养应具有针对性,强调实效性,重点培养大学生良好的思维习惯,如独立思考的习惯、自主分析与解决问题的能动性等。在思维能力的训练中,主要采用启发性的训练方法,创设训练情境,引导学生发现问题及思考如何解决问题。

(四)注意力训练

竞技体育运动普遍要求运动员有良好的注意力。但项目不同,具体要求也有差异,如有的项目更强调运动员集中注意力的能力,有的项目则侧重于培养运动员分配注意力的能力,等等。健美操运动在这两个方面都有要求,但更侧重于集中注意力的能力。因此,在高校健美操日常训练中要重视对大学生注意力集中力的培养,使大学生主动排除干扰,将注意力集中到训练或比赛中,集中到自己的动作中,集中到团队的整体协作中。为了提高培养大学生注意力的效果,可以适当增加训练难度,如在复杂的环境下组织训练,在有观众噪声的环境下进行训练等,从而使大

第八章　大学生健美操核心素养之心理与智能训练

学生自觉屏蔽干扰,专注于训练,不被外界嘈杂的环境所打扰。

下面分析几种常见的注意力训练方法。

1. 记忆练习

记忆练习对培养运动员的注意力集中性、想象力、记忆力具有重要意义,练习方法如下。

(1)找个僻静的地方,把灯光调暗,平躺下来。

(2)做放松练习。

(3)闭上眼睛,想象有一个温暖而柔软的黑色屏幕。

(4)想象屏幕上出现一个边长12英寸的白方块,离自己一尺距离,努力稳定住这个图像。

(5)想象屏幕上有个像硬币一样大的黑圆圈,集中注意力看黑圆圈。整个图像突然消失,想象头脑中突然闪过的各种图像。

(6)大脑中将想象的图像保持几秒钟。

(7)眼睛闭上坚持10~15秒钟,看自己能否回忆起遗忘的东西。[①]

2. 五星练习

剪一块边长15英寸的黑色方形硬纸板,再剪一个8英寸宽的白色五角星,黑色纸板正中间贴上白色五角星贴,纸板挂墙上。坐在与墙相距3英尺的地方,放松身心。

(1)闭眼,头脑中想象一个黑色屏幕。

(2)睁眼,注意五角星图案,集中目视2分钟。

(3)视线移开,看墙上的五角星虚像。

(4)闭眼,头脑中想象这个虚像。

---

① 赵新世.运动员心理调控与训练方案设计研究[M].北京:中国水利水电出版社,2019.

3. 发令练习

（1）轻微口令法

教练员用非常微弱的、大学生勉强可以听清的声音发出口令，大学生执行口令动作，大学生必须高度集中注意力才能听清口令，每次练习不超过3分钟。

（2）逆反口令法

在训练中，要求大学生按和口令相反的意思完成动作，如发"立正"口令，大学生做"稍息"动作；发"向左转"口令，大学生"向右转"等；发"立定"口令，大学生"起步走"，等等。运用这种练习方法需注意以下几点。

第一，在队列操练掌握较好的情况下使用该方法。

第二，口号清晰洪亮，节奏快慢结合。

第三，开始训练时，要求大学生完成2个"口令"，然后增加到3~4个。

第四，如果大学生做错动作，教练员用表情、语言来提醒改正。[①]

（五）想象力训练

人的想象力是不断发展的，是从无意识到有意识，从抽象到具体，从模仿到自创而不断发展的，经过科学训练与培养，人的想象力是能得到提高的。因此，可以在健美操训练中培养大学生的运动想象力，具体方式如下。

1. 表象练习

（1）木块练习

想象有一块六面都是红色的方木块，然后想象并回答以下问题。

第一，用刀横切木块，一分为二，此时红面、木面各有几个？

第二，再纵切木块，二分为四，此时红面、木面各有几个？

[①] 赵新世. 运动员心理调控与训练方案设计研究[M]. 北京：中国水利水电出版社，2019.

第八章　大学生健美操核心素养之心理与智能训练

第三,在右边两块中间纵切,四分为六,此时红面、木面各有几个?

第四,在左边两块中间纵切,六分为八,此时红面、木面各有几个?

第五,在上部四块中间横切,八分为十二,此时红面、木面各有几个?

第六,在下部四块中间横切,十二分为十六,此时红面、木面各有几个?①

记录从提出问题到正确回答所用的时间(秒),答案见表8-2。

表8-2　木块练习的答案②

序号	心理操作方法	所得红面	所得木面	总计面数	方块数	所需时间(秒)
1		10	2	12	2	
2		16	8	24	4	
3		22	14	36	6	
4		28	20	48	8	
5		38	34	72	12	
6		48	48	96	16	

木块练习可以提高大学生对物体形象的想象和分析能力。

---

① 李明,曹勇.体育运动心理训练理论与实践[M].武汉:中国地质大学出版社,2015.
① 李明,曹勇.体育运动心理训练理论与实践[M].武汉:中国地质大学出版社,2015.

练习中要求大学生凭表象操作得出答案,不用数学方法。

(2)五角星练习

准备一个五角星,五个角分别是红色、黑色、黄色、蓝色、绿色。将黑角、红角、蓝角、黄角和绿角分别指向数字1,2,3,4,5,作为基本位置。

用1分钟时间记住五角星的基本位置。然后闭上眼睛回答下列问题,记录从提出问题到正确回答所用的时间。

第一,如果黑角指向3,红角将指向几?

第二,如果黑角指向4,蓝角将指向几?

第三,如果黑角指向5,黄角将指向几?

第四,如果黄角指向2,蓝角将指向几?

第五,如果红角指向4,绿角将指向几?

第六,如果蓝角指向5,黑角将指向几?[①]

2.运用运动想象进行练习

在健美操训练中,教练员引导大学生进行再造运动想象和创造运动想象,并要求将二者有机结合起来,因为再造想象与创造想象之间是相互包含的关系,将二者结合起来训练更有助于培养与提高大学生的想象能力。

三、大学生健美操智能训练的实施

(一)理论教学中培养智能

对大学生健美操智能的培养要建立在帮助大学生学习与积累健美操基础文化知识的基础上。掌握知识是发展智能的前提,掌握丰富的知识有助于提升智能水平。系统掌握与理解健美操理论知识,有助于大学生在健美操训练与比赛中充分发挥智能水

---

① 赵新世.运动员心理调控与训练方案设计研究[M].北京:中国水利水电出版社,2019.

平。知识积累与学习对大学生来说都是非常重要的任务。如果大学生知识结构单一,缺乏基础知识素养,那么将不利于智能的发展与发挥。大学生运动智能的培养与发展过程其实就是运用知识的过程。在健美操理论教学中,学生学习健美操知识,掌握获取知识的途径与方法,并在之后的训练或比赛实践中有意识地灵活运用这些知识,从而将自己的智能和运动才能充分发挥出来。

(二)实践训练中发展智能

大学生健美操心理素质与智能素质密不可分,智能素质也与体能素质及技术能力有重要的联系,因此在其他素质的训练中要适当安排智能训练,将智能训练与其他训练融为一体,以提高训练的整体效果,有效培养大学生的健美操综合素养。

第一,将智能训练融入大学生健美操体质训练、技术训练以及心理训练中,培养大学生的观察能力、思维能力、注意力集中性以及创造能力。

第二,在身心素质训练及技术训练中有意识地对大学生的运动感知觉、技术思维、创新编排能力进行培养,提高大学生的运动智能水平。在健美操日常训练中组织一些实战训练或教学比赛活动,使大学生将自己积累的体能、技术、知识与智慧灵活运用到实战操作中,以应对竞争激烈、富于变化的比赛环境。另外,健美操教练员合理安排日程训练活动,并引导大学生自主制订适合自己的训练计划,设计符合自身特点的训练方法,并帮助大学生完善计划与方法,大学生在自主设计的过程中智能得到充分发挥,并能积累新的经验,进一步提高智能水平和创新思维能力。

第九章 大学生健美操核心素养之运动技能训练

在大学生健美操核心素养体系中，运动技能可以说是最为重要的一部分，是大学生健美操运动水平提高的核心要素。因此，加强健美操运动技能的训练是尤为重要的。本章就在阐述运动技能基本理论的基础上，重点设计健美操基本动作与套路、有氧健美操、器械健美操等项目的训练方法。

第一节 运动技能基本理论

一、运动技能的概念

简单来说，运动技能就是指运动员完成运动技术的基本能力，这一能力是运动员所必须要具备的，对于一般的运动爱好者而言，要参加某一项运动锻炼也必须要具备相应的运动技能，只不过是专业运动员的运动技能水平要更高。

运动员或者运动爱好者在运动过程中，如何有效、合理地运用技术动作将直接决定着运动的效果。运动技能与体能、心理等因素是密切联系在一起的，良好的运动技能有利于运动员发挥出体能与心理的优势，在比赛中发挥出正常水平或者超常水平。

每一个运动项目都是不同的，在技术动作方面呈现出一定的差异，这些运动项目对于运动者都有着一定的技术要求，运动者可以依据自身的身体与心理特征、个性与爱好等合理地选择符合个人实际条件的运动技术,从而发挥出最佳的运动技能效果。

二、运动技能的技术结构

运动技能的习练与掌握对于运动者而言十分重要,运动者运动技能水平的提高,不仅仅依赖于运动实践,运动者还需要了解基本的运动技能知识,理解运动技能的基本内涵。关于运动技能的技术结构,主要包括单一动作结构与复杂动作组合结构两个方面。

(一)单一动作结构

单一动作基本结构又被称为动作技能的微观结构,这一单一动作主要由基本环节和环节之间的顺序构成。实际上,所有的运动项目的单一动作结构都包括若干个环节,每一个环节都是必不可少的,运动者都要根据这些环节按部就班地进行练习,这样才能有效地提高自己的运动技能。如健美操中有一些动作主要由助跑、起跳、腾空和落地等环节组成,这几个环节的动作需要按照顺序依次完成,不能改变,否则就破坏了技术动作的基本结构。

(二)复杂动作组合结构

一般来说,复杂动作技术组合是指由若干个单一动作组合而成的技术动作集合。如健美操各项组合动作中各项技术动作的衔接等就属于复杂动作组合结构,它在健美操技能教学中占据着重要的地位。

三、运动技能的习练方法

要想进一步提高自己的运动技能,运动者需要加强练习,但是只一味地练习而不注意练习方法的选择与运用,也不会取得理想的运动效果。因此,要想实现提高运动技能的目标,就需要学会运用各种习练方法。运动者在选择与运用习练方法时,需要注意针对性与全面性的结合,所谓的针对性是指要针对具体的运动项目的技术特点进行选择,而全面性则是指不能只采用一种习练方法,而是要结合运动技能的目标采取多种习练方法,这样能保证运动技能提升的效果。

目前,常用的运动技能习练方法主要有以下几种。对于运动者而言,要结合具体的实际合理选择与运用这些习练方法,以促进运动技能的发展和提高。

(一)直观法

在各类运动项目的技能训练中,直观法较为常用,在健美操技能训练中,这一方法也得到了广泛的利用。直观法就是指借助运动者的各种感觉器官,使运动者逐渐建立起对所学习技术动作的表现,形成一种感性的认识,从而帮助运动者掌握和提高运动技术水平的一种常用的方法。这一种习练方法能帮助运动者建立和形成清晰的动作表象,具有简单、可靠的特点。

在运用直观法进行训练的过程中,运动者需要注意以下两个方面的要求。

一方面,要根据具体实际情况合理地选择与利用各种直观手段与方法,在动作技能的反复练习中感知和掌握技术动作。在练习的最初阶段,视觉起着重要的作用,但是伴随着训练的不断进行,人体肌肉感觉开始逐步发挥作用,促进着运动者运动技术水平的提高。

另一方面,把运用直观法和启发运动员的积极思维结合起来。感性认识必须通过积极的思维向理性认识过渡,才能形成正确的动作概念,从而掌握动作。最后对于运动水平较低的初学者应更多使用电影、录像和示范等直观手段。

(二)语言法

语言法是运动实践教学中必不可少的方法之一。语言法指的是运动者根据教师或教练员的各种语言提示学习与掌握运动技术的方法。教师或教练员通过简单、生动的语言指导运动者参加运动技能练习,纠正其错误动作,提高其运动技术水平。语言法中最为重要的一个手段便是"讲解"。作为教师或教练员在讲解技术动作时要目的明确、通俗易懂、精简扼要,并且还要善于启发运动者的思维,激发运动者积极参与运动训练的兴趣,这对于其运动技能的提高具有重要的意义。

(三)想象法

想象法是指通过对技术要领的想象,在大脑皮层中留下技术"痕迹",然后在练习中激活这些痕迹,使技术动作完成得更为顺利和正确的一种习练方法。这一种习练方法适用于具有一定运动基础的运动者,初学者采用这一方法进行习练通常很难取得理想的效果。

需要注意的是,想象法的运用要与运动者的各种感觉相结合,在进行技术动作的想象时,人体肌肉感、空间感、方向感等也要充分利用起来,把头脑中的想象变成运动器官的操作性活动,这样才能取得理想的习练效果。

(四)完整法与分解法

1. 完整法

完整法就是对技术动作不进行分解,从开始部分到结束部分完整地进行练习,从而逐渐掌握技术的习练方法。这一习练方法适用于难度较小、不便于分解的技术动作。通过这一方法的利用,运动者能建立清晰的动作表象,能清楚地认识到各技术环节之间的联系,从而更好地学习与掌握技术动作,提高运动技能水平。

2. 分解法

与完整法不同,分解法是将完整的技术动作分为几个技术环节,分别进行练习的方法。这一习练方法适用于难度较大的技术动作,适用于初学者的运动训练。需要注意的是,运动者通过分解法的运用掌握了各技术环节的动作技能后,还要结合起来做完整技术的练习,这样才能掌握和提高运动技能。

需要注意的是,对于运动水平较高的运动者而言,采用分解法进行习练还是比较合适的,因为他们一般都能较好地把握各技术环节动作的规律和要求,具有高度的分化抑制,不会因分解练习而影响技术动作的完整性。但是对于初学者而言,要谨慎采用这一习练方法,对于那些复杂程度不高的动作,可以先做完整学习再做分解学习,这样通常能取得不错的习练效果。

(五)减难法与加难法

1. 减难法

减难法是指在技术动作的习练中,以低于专项要求的难度进行练习的方法。如游泳技能训练中,使用鸭蹼;这一习练方法适用于初学者和运动水平不高的运动者。

2. 加难法

加难法是指在技术动作习练中,运动者以高于专项要求的难度进行练习的方法,这一习练方法在运动技能训练中也较为常用。如健美操的弹跳练习,可以在脚踝处绑上沙袋;为提高身体的柔韧性也可以借助一些辅助性工具进行练习。这一方法适用于运动水平相对较高的运动者。

第二节　健美操基本动作与套路训练

一、健美操基本动作训练

(一)基本手型训练

(1)并掌：五指并拢伸直,指关节不能弯曲。

(2)开掌：五指用力分开伸直。

(3)立掌：手掌用力上屈,五指指关节自然弯曲。

(4)花掌：在分掌的基础上,从小指依次内旋,形成一个扇面。

(5)一指：拇指与中指、无名指、小指相叠,食指伸直。

(6)剑指：拇指与无名指、小指相叠,中指与食指并拢伸直。

(7)响指：无名指、小指屈,拇指与中指用力摩擦打响。

(8)拳：四长指握拳,拇指第一关节扣在食指与中指的第二关节处。

(9)舞蹈手型：引用拉丁、西班牙、芭蕾等手型。

(二)胸部动作训练

(1)含展胸训练。直臂或屈臂做内收动作,通常与臂的外展结合进行。

(2)左右移胸训练。两臂侧平举,胸部左右水平移动。

(3)仰卧胸部训练。跪撑在垫上,背伸弓腰、低头成预备姿势。

(4)跪立挺胸训练。跪坐,上体前屈,两臂前伸扶地成预备姿势。为了获得更好的训练效果,练习过程中应该匀速进行,幅度要大。

（三）肩部动作训练

（1）提肩。肩胛骨做向上的运动。
（2）沉肩。肩胛骨做向下的运动。
（3）绕肩。以肩关节为轴做小于360°的运动。
（4）肩绕环。以肩关节为轴做360°的圆形运动。

（四）背部动作训练

（1）外展。屈臂或直臂做外展动作，通常与臂的内收结合进行。
（2）上举下拉。两臂由侧上举下拉至髋侧。

（五）髋部动作训练

（1）提髋。两脚自然分开与肩同宽，两臂自然下垂。
（2）顶髋。一侧腿支撑并伸直，另一侧腿屈膝内扣，上体保持正直，用力将髋部顶出。为了获得更好的训练效果，训练过程中应该两脚自然分开与肩同宽，两臂自然下垂；动作幅度大。
（3）摆髋。两腿微屈并拢，髋部向左、右摆动，有一定的腰部动作的配合。直立，双臂自然下垂。
（4）绕髋和髋绕环。两脚自然分开与肩同宽，两臂侧举。

二、健美操套路训练

下面以全国健美操大众锻炼标准第三套健美操二级套路练习为例，讲解健美操的套路动作练习。受篇幅所限，这里主要阐述两个套路组合练习。

（一）健美操套路动作组合一

1. 第一个八拍（图9-1）

预备姿势：直立。

（1）1～4

上肢动作：右手握拳、右臂侧举；左手握拳、左臂侧举；双手分掌、双臂上举；双手握拳、双臂下举。

下肢步伐：右脚十字步。

（2）5～8

上肢动作：屈臂自然摆动。

下肢步伐：向后走四步。

图 9-1

2. 第二个八拍

动作与第一个八拍相同,但是向前走 4 步。

3. 第三个八拍（图 9-2）

（1）1～6

上肢动作：1～2 右手分掌,手臂前举；腿分立,双手叉腰；4～5 左手分掌,手臂前举；双手握拳,双臂交叉,腿成弓步。

下肢步伐：右脚开始 6 拍漫步。

（2）7～8

上肢动作：双手分掌,双臂侧后下举。

下肢步伐：右脚向后 1/2 漫步。

4. 第四个八拍（图 9-3）

（1）1～2

上肢动作：右手握拳,屈右臂自然摆动。

下肢步伐：右脚向右并步跳。

（2）3～8

上肢动作：3～4双手握拳,前平举弹动2次,5～6双手握拳,侧平举,7～8后斜下举。

下肢步伐：左脚向右前方做前、侧、后6拍漫步。

图 9-2

图 9-3

5. 第五至八个八拍

第五至八个八拍与之前的动作相同,只是方向相反。

(二)健美操套路动作组合二

1. 第一个八拍(图 9-4)

（1）1～2拍

上肢动作：右臂侧上举,左臂侧平举,手部成合掌。

下肢步伐：右脚向右侧滑步。

（2）3~4拍

上肢动作：双臂屈臂后摆，双手叉腰。

下肢步伐：1/2后漫步。

（3）5~6拍

上肢动作：每拍击掌3次。

下肢步伐：左脚向前方做并步。

（4）7~8拍

上肢动作：双手叉腰。

下肢步伐：右脚向右后做并步。

图9-4

2. 第二个八拍（图9-5）

（1）1~2拍

上肢动作：每拍击掌3次。

下肢步伐：左脚向左后方并步。

（2）3~4拍

上肢动作：双手叉腰。

下肢步伐：右脚向右后做并步。

（3）5~6拍

上肢动作：左臂侧上举，右臂侧平举，手部成合掌。

下肢步伐：左脚向前左侧滑步。

（4）7~8拍

上肢动作：双臂屈臂后摆。

下肢步伐：1/2 后漫步。

图 9-5

3. 第三个八拍（图 9-6）

（1）1~4 拍

上肢动作：双手握拳，拳心向下，双臂向前、向后下冲拳 2 次。

下肢步伐：向右转体 90°，右脚上步吸腿 2 次。

（2）5~8 拍

上肢动作：双手分掌，双臂向右向左水平摆动。

下肢步伐：左脚 V 字步左转 90°。

图 9-6

第九章 大学生健美操核心素养之运动技能训练

4. 第四个八拍（图9-7）

（1）1～4拍

上肢动作：双手握拳、双臂胸前平屈；左手合掌、左臂向上举起；双手握拳、双臂胸前平屈；双臂自然垂下，双腿合立。

下肢步伐：左腿吸腿（侧点地）2次。

（2）5～8拍

上肢动作：双手握拳、双臂胸前平屈；右手合掌、右臂向上举起；双手握拳、双臂胸前平屈；双臂自然垂下，双腿合立。

下肢步伐：左腿吸腿（侧点地）2次。

图9-7

5. 第五至八个八拍

第五至八个八拍与之前的动作相同，只是方向相反。

第三节 有氧健美操技能训练

一、有氧搏击操训练

有氧搏击操起源于美国,是由美国著名运动员比利·布兰克斯创造的,它主要是以拳击、散打、空手道、跆拳道等运动项目中的一些动作为基本内容,结合健美操运动的基本动作,在音乐的伴奏下进行的有氧搏击训练。

(一)有氧搏击操步法动作训练

(1)平行站立:双脚平行站立,两脚间距与肩同宽,脚尖向前,膝关节微屈,重心置于双腿之间,双手握拳呈搏击防守姿势。

(2)平行跳动:平行站立好,身体稍向前倾,脚后跟微抬起,左右跳动。

(3)平行移动:在平行跳动的基础上,向左侧或右侧移动,移动时双脚始终分开,不要并拢。

(4)前后开立:双脚平行站立,两脚间距与肩同宽,竖直撤一只脚,呈前后开立,脚尖向前,膝关节微屈,重心放在双腿之间,双手握拳呈搏击防守姿势。

(5)前后移动:在前后跳动的基础上向前或向后移动,移动时双脚始终分开,不要并拢。

(6)前后跳动:双脚平行站立,两脚间距与肩同宽,身体稍向前倾,脚后跟微微抬起,前后跳动。

(7)侧吸腿:双脚平行站立,两脚间距与肩同宽,同侧手脚以腰部发力带动向中间运动,屈膝抬腿,同时右手屈肘关节下拉,使膝盖和关节相碰。

(二)有氧搏击操拳法动作训练

（1）直拳：平行站立和前后站立，腿先发力蹬转，然后腰用力，最后是手臂用力。手臂直接打出的同时，旋转拳，手心向下，手臂不要完全伸直，避免肘关节伤害。

（2）勾拳：平行站立和前后站立，腿先发力蹬转，然后腰用力，腰部先要向反方向扭转并压低上体，然后再发力出拳，手臂始终保持弯曲，拳心向后。

（3）摆拳：平行站立和前后站立，腿先发力蹬转，然后腰用力，手臂平抬随身体的扭动画弧线，手臂始终保持弯曲，手心向下。

（4）搁挡：马步或弓箭步，马步重心尽量低，弓箭步步幅要大。腰部用力，手呈拳，用臂上挡或下挡。

（5）肘击：以右手横击为例，平行站立，左脚首先蹬地，移动重心至右脚，腰部发力向右移动，左手掌推右手拳至右侧，最后力量到达关节，而左下击时要先高抬手臂，右侧腰拉长，腰用力收缩，肘下压。

（6）劈：马步或弓箭步，腰部用力带动手臂，横劈时，手臂由头后与肩平行画弧线停在身体正中，手臂由头后从上至下停在与肩同高位置。

(三)有氧搏击操腿法动作训练

（1）前踢：前后站立，后脚由膝盖带动直接前抬，然后小腿弹出，脚尖下压。

（2）侧踢：以右腿侧踢为例，平行站立，左脚先扭转脚跟向右侧，然后抬右腿，大小腿夹紧，大腿贴近上体，脚外侧拉长，最后向右侧蹬伸腿，动作完成后，先折腿回到抬腿的姿势再收回。

（3）横踢：前后站立，后脚先扭转脚跟向前，然后顶髋转体抬腿，小腿弹出，脚尖下压。

（4）后踢：前后站立，前腿向后收回，下压上体，收回后腿让大腿贴于胸部,用力蹬出后腿。

（5）跳踢:以右腿为例,前后站立,屈膝抬起左腿,左腿落下同时右腿直腿上踢并跳起。

（6）下劈:前后站立,后腿伸直抬起,落下脚尖前点。

二、有氧拉丁操训练

有氧拉丁操的动作并不复杂,一般来说,其用力顺序是从下到上、由里向外,即所有力量来自于地面对身体的反作用力,由脚传到腿到髋到腰再到躯干。

（一）有氧拉丁操上肢动作训练

1. 抖肩

抖肩是有氧拉丁操的一个典型的健美操练习动作,练习时要求运动者双臂直侧平举,五指分开,掌心向前,左肩前顶,右肩后展,再右肩前顶,左肩后展。

2. 手臂动作

有氧拉丁操的练习中,手臂的动作是由躯干内部发力向外延伸,全身各部位的协调用力是完成好动作的关键。

（二）有氧拉丁操下肢动作训练

拉丁有氧操的步伐包括一些拉丁舞的基本步伐,如恰恰恰（cha cha cha）,桑巴（samba）中的基本动作,有氧拉丁操的步伐还包括一些拉美民间舞的基本动作,如萨尔萨（salsa）。这些基本舞蹈动作节奏节奏的形成都是在均匀的节奏上对音乐进行分割,具有一定难度。

有氧拉丁操的常见下肢动作有以下几种。

1. 恰恰恰(cha cha cha)

cha cha 的动作节奏为 one and two,节奏形成为一打二,即 2 拍 3 动的形式。

以右侧恰恰步为例,动作开始后,右腿向右侧迈出 1 拍"大",左腿并步;右腿再向右侧迈出。

恰恰步的变化很多,可以向侧、向前、向后;可以并步或交叉步;可以单独做或结合别的步伐一起完成。

2. 梅伦格(merengue)

梅伦格的动作类似于健身操中的踏步,可以并腿、分腿或在移动,可以加上肩部的摆动及手臂动作。

动作过程中,应注意膝关节微内旋,并带动同侧的身体向异侧转动。

3. 曼波步(mambo 步)

曼波步节奏形成为均匀的节奏,"大"拍时间很短,完成动作时节拍要有短暂的停顿。没有切分节拍。传统健美操中常用 mambo 步,可以前后、向侧或结合转体动作。

4. 桑巴步(samba 步)

桑巴步的节奏形式是 2 拍 2 动,但与恰恰步不同的是它的"大"拍时间很短,并且完成动作时节拍要有短暂的停顿。桑巴步可用来作移动或连续多次使用,动作过程中注意髋部随重心左右摆动。

以向右的桑巴步为例,蹬左腿向右一步,重心右移,同时身体左转。"大"左腿向右腿后点一步,同时右腿微微屈膝抬起,重心在左腿。重心移至右腿,右脚原地点地一次。

5. 萨尔萨步(salsa 步)

萨尔萨步的动作节奏形式为两拍 4 动,即 one and two and。

以原地 salsa 步为例,快速完成 3 次原地踏步或摆动,第 4 次将一侧腿弹踢出去并稍作停顿。4 个动作共计两拍,完成动作时应利用来自腿部的力量,使身体摆动保持正确的动作节奏。

第四节　器械健美操技能训练

一、健身球操技能训练

健身球也叫"瑞士球",其原因在于这项运动起源并发展于瑞士。大量的实践表明,健身球操在纠正人体体态、提高肌肉力量、促进身体平衡等方面都具有显著的效果。如今这一项运动深受健身爱好者尤其是女性的青睐。

(一)适应性动作训练

运动者做好充分的准备,可以做一些动作练习来适应健身球操的力度和运动方式,如坐球、躺球以及跪球等练习。这些动作都属于健身球操的适应性动作。

1. 坐球

运动者先把球置于靠近墙的位置,双腿尽量分开坐在球的正上方,保持耳、肩、臀在一条线上,在熟悉球性后,再让球远离墙壁继续做坐球练习,反复练习以掌握球性,保证动作的稳定性。

2. 躺球

躺球动作能有效锻炼人的臀部、腿部及后背部。运动者在做躺球动作时,双腿尽量分开坐在球的正上方。慢慢把腿前移,慢慢球移至肩部,让臀部抬起与地面平行,颈部与头部在球上舒服地休息,感觉身体平放于平面上。

3. 跪球

跪球动作对运动者的要求较高,这一动作能为健身球操的顺利进行奠定必要的基础。

在做动作前,运动者双腿分开站在球前,轻轻地将双膝置于球上并把双手放在球的上方,把球慢慢前移直到脚离开地面,可以在上面保持足够长的时间。

(二)稳定性动作训练

健身球操的稳定性动作训练主要包括以下内容。

(1)屈伸肩带。像做俯撑一样把膝放在球上,双手扶地、夹臀、头与脊柱保持水平,让肩胛尽量展开再收缩。

(2)伸展肩带肌。膝在球上,手在地面,动作有点像俯撑,臀部不要下垂;让头部与脊柱平行,让肩带骨尽量往远处伸。

(3)背肌练习。腹前部置于球上,手与脚分别在前后置于地面,让脚离地并控制平衡。

(4)背部伸展。俯卧于球上,腿尖触地并尽量分开双腿,双手置于体侧,抬起胸部使其离开球并将手翻转使手掌心朝上,尽量让肩胛骨靠拢。

(5)大腿根、臀的抬伸练习。躺在地上,双脚放在球上,双手置于体侧,手心向下,抬起臀部,让脚、骨盆、肩在一条直线上。

(6)单腿稳定蹲坐。在与墙 1~2 米远处站立,把球放在下背部与墙之间,提起一条腿并让大小腿的夹角成 90°,慢慢下蹲,另一条腿直到大腿与地面平行,双手侧平举。

(7)稳定蹲坐。站在离墙 1~2 米远处,然后转身把球放在下背部与墙之间,往下蹲直到大腿与地面平行,膝盖对准脚尖方向,保持这个姿势,手不要放在大腿上,而是伸展在体前。

二、花球啦啦操技能训练

花球啦啦操,顾名思义就是指手持花球完成的啦啦操。成套动作应手持花球,并结合啦啦操基本手位、个性舞蹈、难度动作、舞蹈技巧等动作元素,体现干净、精准的运动舞蹈特征以及良好的花球技术运用,展示整齐一致、队形不断变换等集体动作的视觉效果。

(一)组合一

1. 第一个八拍

1拍:从右脚开始,向前走,同时双臂斜下摆。
2拍:左脚在前,同时胸前击掌。
3拍:同1拍。
4拍:并脚,胸前击掌。
5拍:右脚向右一步,同时双手直臂向右斜上方摆。
6拍:双手向上摆。
7拍:双手向左斜上方摆。
8拍:收右脚,还原。

2. 第二个八拍

1拍:双臂向右摆,右臂伸直,左臂屈。
2拍:双臂向左摆,左臂伸直,右臂屈。
3拍:同1拍。
4拍:还原。
5拍:吸左腿,同时左手叉腰,头向右摆,身体略向右倾斜。
6拍:还原。
7拍:左脚向左一步,同时右臂向左斜前方摆。
8拍:收左脚还原。

3. 第三个八拍、第四个八拍

第三个八拍、第四个八拍同第一个八拍、第二个八拍,唯方向相反。

(二)组合二

1. 第一个八拍

1~2拍:右脚向右一步,左手叉腰,同时右臂向左斜上举。

3~4拍:左手叉腰,右手肩前屈。

5~7拍:右手直臂经身体左侧至前向右摆,头部随手臂同时摆动。

8拍:收右脚还原。

2. 第二个八拍

1~2拍:身体经左向后转,左脚后退一步成左脚在前的弓步,双臂胸前屈。

3~4拍:身体经右转回来,双臂斜上举。

5~6拍:收左腿,屈膝蹲,双手扶膝,低头含胸。

7~8拍:还原。

3. 第三个八拍、第四个八拍

第三个八拍、第四个八拍同第一个八拍、第二个八拍,唯方向相反。

(三)组合三

1. 第一个八拍

1拍:左脚向左一步,手臂打开成斜线位并做依次大绕环。

2拍:右脚后退一步于左脚后边,双臂绕至侧平举。

3拍：左脚向左一步成开立,双臂绕至上下举。

4拍：右脚并左脚,双臂胸前屈。

5~6拍：左脚向左一步成弓步,同时双臂左侧冲拳成左K位。

7~8拍：收右脚还原。

2. 第二个八拍

1拍：右脚向右一步,双臂右胸前绕,面向右看。

2拍：双臂左胸前绕,面向左看。

3拍：两腿开立,双手叉腰。

4拍：两腿收回,双手叉腰。

5~6拍：右脚向后退一步成左腿在前的弓步,双臂向上冲拳。

7~8拍：右脚还原。

3. 第三个八拍、第四个八拍

第三个八拍、第四个八拍同第一个八拍、第二个八拍,唯方向相反。

参考文献

[1] 陈雪辉. 湖南省高校健美操运动队的开展现状与对策研究 [D]. 广西师范大学, 2017.

[2] 陶燕. 南京市普通高校健美操课程开展现状与发展对策研究 [D]. 苏州大学, 2014.

[3] 郑学美. 秦皇岛高职高专院校健美操课程现状的调查研究 [D]. 河北师范大学, 2018.

[4] 陈婷. 我国高校健美操教学训练一体化模式的构建措施研究 [J]. 当代体育科技, 2020, 10（30）: 169-170+173.

[5] 龙洋. 高校健美操教学训练一体化模式研究 [J]. 当代体育科技, 2020, 10（17）: 45-46.

[6] 王顺熙. 高校健美操运动员体能训练的现状及对策 [J]. 运动, 2014（20）: 38-39.

[7] 马骏. 高校健美操课余训练现状及可持续发展对策 [J]. 黑龙江科学, 2018, 9（19）: 94-95.

[8] 康娜娜. 新中国成立以后我国学校体育思想的嬗变及其发展研究 [D]. 中国矿业大学, 2014.

[9] 张佩旭. "以人为本"教学思想在高职院校体育教学中的渗透 [J]. 黑龙江生态工程职业学院学报, 2013（06）.

[10]《健美操运动教程》编写组. 健美操运动教程 [M]. 北京: 北京体育大学出版社, 2014.

[11] 曹青军. 运动训练理论与实践 [M]. 北京: 北京理工大学出版社, 2010.

[12] 陆胤甫. 新周期规则对竞技性健美操基础训练方法的影

响[J].当代体育科技,2017,7(15):58+60.

[13] 陈瑞琴,汪康乐.提高健美操技能的训练方法[J].当代体育科技,2013,3(19):10-11.

[14] 孙绍宁.广西高校体育专业竞技性健美操训练方法初探[J].甘肃联合大学学报(自然科学版),2011,25(02):78-80.

[15] 程香.青少年竞技性健美操运动员专项训练效果评价研究[J].青少年体育,2018(03):33-34.

[16] 王京琼.健美操教学与训练[M].长沙:中南大学出版社,2008.

[17] 刘亚楠.竞技性健美操混双项目成套的编排及影响因素[J].当代体育科技,2016,6(18):99-100.

[18] 马鸿韬.健美操创编理论与实践[M].北京:高等教育出版社,2004.

[19] 曾晓莉.浅析大学生健美操音乐选取和应用[J].当代体育科技,2016,6(12):85-86.

[20] 张莉莉.新理念下健美操创编能力培养的教学实践研究[D].山东师范大学,2006.

[21] 王莹.健美操音乐的创编理论及运用的实证研究[D].武汉体育学院,2013.

[22] 吴会芳.健美操音乐的选配和运用技巧[J].硅谷,2009(09):180+193.

[23] 杨浩.创新教育在高校健美操教学中的实践[J].当代体育科技,2019,9(35):71+73.

[24] 宋佳泽.在健美操教学中培养学生创新能力[J].当代体育科技,2013,3(33):114+116.

[25] 高丽.健美操教学中培养学生创新能力的探究[J].当代体育科技,2014,4(34):70+72.

[26] 吴晓红等.跳动音符——健美操[M].南京:江苏科学技术出版社,2006.

[27] 钟美兰.多元智能理论在竞技性健美操运动员教学训练

中的应用研究[D].西南财经大学,2019.

[28] 张帆.健美操青少年运动员赛前心理焦虑特征的研究[D].西安体育学院,2019.

[29] 崔晓芳.我国青年冰壶运动员的心理训练与其创新路径研究[D].吉林体育学院,2015.

[30] 翟世伟,张猛.对运动员"智能训练"的探讨[J].新西部(理论版),2012(07):179+141.

[31] 荣敦国,王德新.浅析运动智力因素的培养[J].南京体育学院学报(自然科学版),2017,16(02):15-20.

[32] 胡亦海.竞技运动训练理论与方法[M].北京:人民体育出版社,2014.